赤松明彦
Akihiko Akamatsu

ヒンドゥー教10講

岩波新書
1867

目次

写真＝大村次郷

凡例

原典からの引用については、多くの場合、私自身の翻訳を示しています。その際には、標準的な校訂版の原典をできる限り使い、該当箇所を示す記号(詩節番号や頁・行など)を慣例に従って示しています。依拠した原典の多くはサンスクリットで書かれたものです。引用した訳文中の( )は、原語や言い換えによる説明であることを、[ ]は、原文の意味を補うために挿入した語句であることを示します。ただし、読みやすさを考えそうした補いは最小限にとどめました。

サンスクリットの文献は原文が韻文(詩節)であることがしばしばあります。しかし、それらの翻訳を示すにあたっては、韻文調とせず、できるだけ原文の文意を明確に表すように、散文にして示しています。

人名や地名などの固有名詞の表記には、古典語であるサンスクリットによるものと、それぞれの土地の言語であるヒンディー語やベンガリー語、マラティー語、タミル語などインド諸語によるものがあり、さらには植民地時代の英語やフランス語による表記、またオランダ語表記など、様々な種類があります。どれを採用するかは研究者によってまちまちです。本書では、固有名詞の表記については、サンスクリットの原語がある場合には、それをカタカナ表記にすることを原則としました。たとえば、クリシュナの聖地は、「ヴリンダーヴァナ」Vṛndāvanaとして、「ヴリンダーヴァン」Vrindavan(ヒンディー語)とはしていません。しかし、場所や地域の固有名としては、たとえば「ブリンダーバン」Brindāban(英語)の方が一般に通用している場合があります。その場合は、慣用に従った場合もあります。慣用については、『広辞苑 第七版』(岩波書店)や『南アジアを知る事典』(平凡社)などの辞書、事典類を参考にしました。ただし、ローマ字表記のva音は、「バ」ではなく、「ヴァ」という表記で統一します。したがって、たとえばHarvardは、「ハーバード」ではなく「ハーヴァード」となり、Bhagavad-gītāは、「バガバッド・ギーター」ではなくて「バガヴァッド・ギーター」となります。

本書を執筆するにあたっては、多くの研究書と翻訳を参照しました。主なものは巻末の読書案内や本文中の注記に示しましたが、すべてではありません。翻訳において引用した著書や論文については本文中に注記しました。

図版出典一覧

第 1 講扉……Diana L. Eck, *India: A Sacred Geography*, Three Rivers Press, 2012, p. xii を参考に作成

図 1……Romain Rolland, *La vie de Vivekananda et l'évangile universel*, Librairie Stock, 1930, p. 4.

図 2……Asko Parpola, *The Roots of Hinduism*, Oxford U. P., 2015, p. 194.

第 2 講扉，図 3，図 4，図 5，図 6，第 3 講扉，第 4 講扉，図 7，図 8，図 10，図 11，図 13，第 10 講扉……写真　大村次郷

第 5 講扉……著者所蔵

第 6 講扉……J. A. B. van Buitenen, *The Bhagavadgītā in the Mahābhārata*, University of Chicago Press, 1981(表紙).

第 7 講扉……東寺所蔵／写真提供　便利堂

図 9……『墨美』293 号，1979 年，6 頁.

第 8 講扉……*Mantras et diagrammes rituels dans l'hindouisme*, CNRS, 1986, p. 187 に基づき作成

第 9 講扉……C. Sivaramamurti, *Vijayanagara Paintings*, Publications Division, Ministry of Information & Broadcasting, Government of India, 1985, p. 91.

図 12……一般社団法人 秋野不矩の会／浜松市秋野不矩美術館

図 14……Amit Ambalal, *Krishna as Shrinathji. Rajasthani Paintings from Nathdvara*, Mapin, 1987, pp. 50–51.

図 15……M. S. Randhawa, *Kangra Valley Painting*, Publications Division, 1972, p. 25.

作図　前田茂実(第 1 講扉，第 8 講扉)

講義をはじめる前に

「ヒンドゥー教とは何か」。本書の全10回の講義はこの問いに答えるためのものである。ところで、この問いは「ミリンダ王の問い」を思い出させる。ミリンダ王、すなわちギリシア名メナンドロスはバクトリアの王であった。バクトリア王国は紀元前五世紀頃から現在のアフガニスタン北部に定住していたギリシア人の国で、メナンドロスが活躍した前二世紀頃になると、その領土は西北インドにまで拡大していた。その王と仏教の長老ナーガセーナとの対話として残されたのが、「ミリンダ王の問い」である。

やって来たミリンダ王に長老ナーガセーナは問う。「あなたは徒歩で来たのか。それとも車で来たのか」と。「車で来た」。「車で来たのであれば、車とは何か説明せよ。王よ。轅《ながえ》が車か」。「いや、違う」。「王よ。では車軸が車か」。「いや、違う」。王は、ナーガセーナから矢継ぎ早に質問を浴びせかけられる。車輪が車か。車台か。軛《くびき》か。鞭か。王はどの問いに対しても、「いや、違う」と答える。「それなら、轅・車軸・車輪・車台・軛・鞭の総体が車か」。こうナーガセーナに問われた王は、「いや、違う」とまたもや答える。

そこで、ナーガセーナは言う。「車とは何かということに答えずに、まるで「車は存在しない」とでも言いたげなあなたの答えは王には似つかわしくない。「車で来た」と言いながら、車が何であるかを言えないとはなんたることか」と。

この後、話としては、ミリンダ王が誘導尋問に引っかかったかのように、ナーガセーナに向かって仏教の真髄とも言うべき教説を口にしてしまうことになる。すなわち「車」とは、轅・車軸・車輪・車台・軛・鞭に依存して相対的に存在するものであって、呼称・標識・記号・言語表現・名前にすぎないのであり、「車」はそれ自体として存在するものではないと答えるのである。しかし今注目したいのはこの仏教の教えではない。そこに至るまでの問いの方である。

全体から一部を取りだして、「これが全体か」と問うても、その答えは「否」でしかないだろう。「ヒンドゥー教とは何か」という問いに対する答えについても、これとよく似たことが言える。それを「何か」として具体的な部分によって答えようとすると、必ずそれとは異なる別の側面がそこには現れてくることになる。そしていつまでも全体は見えないままである。

その結果、「ヒンドゥー教」とは何かという問いに対しては、それを「何か」として答えることを躊躇したり、あるいは「ヒンドゥー教」を定義することの困難さやその限界を論じることが、「ヒンドゥー教」を論じることだというような逆説的な言説が生み出されることになる。それは、西洋の学者の多くが、ヒンドゥー教を論じるにあたっては、自分たちに否応なしに植え付けられたキリスト教的視点を自己批判的に取りだしてみせることが必要だと考えているからであろう。オリエンタリズムという概念が明確に与えられて以降、とりわけそれは顕著である。しかし、私は、西洋人でもなければキリスト教徒でもないから、そうした現に行われている西洋の学者のもっともらしい研究態度をそのまま受け売りするわけにはいかないし、そうするつもりもない。

しかしそれではどうするのかということになると、これまた難しい。私にできることは何か。どんな方法がとれるのか。仮にしばしばインドに出かけて、インドを体験的に理解している、少なくとも実感してきたというような人なら、その体験をもとに「ヒンドゥー教」について語ることができるだろう。しかし私は、正直に言うが、そんなに長い間インドにいたことはない。あるいは、ヨーガをインド人の先生から学んでヨーガ教室を開いている人なら、きっと「ヒンドゥー教」について実践的に語ることができるだろう。しかし、私は、ヨーガ行者でもない。

私にできること、それはヒンドゥー教に関わる多くの原典や研究書・論文をこれまで読んできたので、それによって知り得た事実に基づいて、「ヒンドゥー教」について歴史的に語ること、あるいは構造的に語ることである(「歴史的」と「構造的」は、実は全く異なる次元にある観点であり、同時にその両方をとることはできないが、同じ事象について、視点を変えながら見ることはできるだろう)。

私は先に『インド哲学10講』を同じ岩波新書から出している。そこで扱ったのは、「根源的一者」

としての「神」と現象としてのこの世界の関係が、インド哲学の歴史の中でどのように扱われてきたかという問題であった。今回、この講義で論じようとするのは、その関係を「ヒンドゥー教」というインドの宗教の歴史の中において見るとどうなるかというものである。インド哲学の中では、抽象的な存在としての「神」であったブラフマンが、ヒンドゥー教の中では、シヴァ神やヴィシュヌ神としての具体的な姿をとって人格神として現れてくる。信仰の対象となったそのような神と人間の関わりやこの世界との関係を、インドの人々がどのようにとらえて来たかを見ようとするのが、この講義である。

ヒンドゥー教の歴史に限らず、歴史というものは、重層的であり、複線的であり、様々な要素が相互に干渉しながら展開していく。それは時間的な流れにおいてだけでなく、空間的・地理的・社会的にも相互に連関し様々な要素が入り混じったものである。それらをできるだけ具体的に取りだし、様々な関係の糸をできるだけより分け整理しながら、以下の講義を進めることにしたい。それでは、講義を始めよう。

第*1*講

ヒンドゥー教の歴史と地理

ヒンドゥー教の聖地．「巡礼者たちが聖地をつくる」（インドの諺）

現代のヒンドゥー教

インドにおけるヒンドゥー教徒の割合は約八割とされている。あと数年もすれば中国を抜いて世界一になると言われているその人口は、現在一三億五〇〇〇万人ほどだから、ヒンドゥー教徒の数は、優に一〇億を超えていることになる。もう少し正確に言うと、一〇年に一度行われるインドの国勢調査（直近では二〇一一年）によれば、総人口は一二億一〇五七万人であり、その七九・八％にあたる九億六六〇〇万人が、ヒンドゥー教徒であった。一方、イスラーム教徒の割合は一四・二％であり、一億七一九〇万人で、残りの六％の内にキリスト教徒（二・三％）、シク教徒（一・七％）、仏教徒（〇・七％）、ジャイナ教徒（〇・四％）が入っている。さらに残りの〇・九％の内に、パルシー（ゾロアスター）教徒、ユダヤ教徒、そして部族宗教の人たちがいる。そして、これらをすべて足せば一〇〇％となるのである。ちなみに、ちょうど一〇〇年前の一九一一年の国勢調査による数字を、マックス・ウェーバーが『ヒンドゥー教と仏教』（古在由重訳、四頁）の中で挙げている。それによると、ヒンドゥー教徒は、二億一七五〇万人で六九・三九％、イスラーム教徒は、六六六六万人で二一・二六％、シク教徒三〇〇万人で〇・八六％、ジャイナ教徒一二〇万人で〇・四％、仏教徒一〇七〇万人で三・四二％である。なお、この年のインドの総人口は、三億一五一五万六三九六人であった。ただし、独立前であるから、現在のパキスタンやバングラデシュ、さらにはビルマ(ミャンマー)やチベット辺境域も含まれている。

つまり、ヒンドゥー教徒とは、イスラーム教徒でも、キリスト教徒でも、仏教徒でも、シク教徒でも、ジャイナ教徒でも、ゾロアスター教徒でも、ユダヤ教徒でもない、インドに住む大多数の人々だということになる。したがって、ヒンドゥー教を定義することもいたって簡単で、「ヒンドゥー教とは、インドに住む大多数の人々の宗教で、イスラーム教でも、キリスト教でも、仏教でも、シク教でも、ジャイナ教でも、ゾロアスター教でも、ユダヤ教でもないものである」ということになる。

いったい何を言っているのか、と怪訝に思われそうだが、上の国勢調査の結果は、インドには「ヒンドゥー教徒」だと自覚している人々が一〇億人ほどいるということを示すものである。そして、その人々の宗教意識の現れを「ヒンドゥー教」と呼ぶならば、それは圧倒的な現実として存在しているということになるだろう。これを、われわれ日本人の場合と比較して考えてみよう。

よく話題にされることだが、調査すると、日本人の多くが「自分は無宗教だ」と答えるとされている。海外の調査機関であるピュー・リサーチ・センターの調査結果(二〇一二年)だと、日本人の五七%が「無宗教」で、三六・二%が「仏教」とされている。他方、これもよく知られた話であるが、文化庁が宗教法人に対して行っている宗教統計調査によれば、二〇一二(平成二四)年末には、日本人の「信者数」は一億九〇〇〇〇万人余りであった。二〇一八年一二月三一日現在でも一億八〇〇〇万人余りいる。内訳は、神道系が八七〇〇〇万人、仏教系が八四〇〇〇万人、キリスト教系が一九〇〇万人、諸教七九〇〇万人となっている。日本の総人口は二〇一九年一月一日段階でおよそ一億二四〇〇万人であったから、実にその一・五倍の「信者」が日本にはいることになる。

一方で「無宗教」と自覚しながら、他方で「神道」あるいは「仏教」(あるいはその両方)の信者とみなされることが常態化している日本人の宗教意識を、「ヒンドゥー教」と「イスラーム教」のようにそれぞれの宗教の違いを日常的に意識して生きているインド人の宗教意識と比較するのは、最初から無理なことであると思われるかもしれない。しかし両者の宗教意識は案外近いのかもしれないと、私は思っている。あるいはこう言った方がよいかもしれない。現在「神道」として形づくられている宗教意識に含まれる様々な要素と、「ヒンドゥー教」として現れている宗教意識に含まれている様々な要素のあり方は、似ているところがあると。

「神道」との比較

「神道」について、『広辞苑』は次のように説明している。「日本に発生した民族信仰。祖先神や自然神への尊崇を中心とする在来の民間信仰が、外来思想である仏教・儒教などの影響を受けつつ理論化されたもの。平安時代には神仏習合・本地垂迹があらわれ、両部神道・山王神道が成立、中世には伊勢神道・吉田神道、江戸時代には垂加神道・吉川神道などが流行した。明治以降は神社神道と教派神道(神道十三派)とに分かれ、前者は太平洋戦争終了まで政府の大きな保護を受けた。かんながらの道。」

この説明から、「神道」の特徴的な要素を取りだすならば、①民族の信仰である、②民間信仰がもとになっている、③理論化の過程をもつ、④様々な流派に分かれる、⑤国家や政治と結びつく、という五つの要素を挙げることができるだろう。

日本における「神道」の成立を、古代から現代にいたるまでの日本人の宗教意識(信仰)の歴史的展開過程の中でとらえようとすれば、単に要素を取りだしただけのこのような説明では不十分であることは無論である。また、「神道」という語の意味の変遷や、この語がどう読まれたか、「ジンドウ」なのか「シンドウ」なのか「シントウ」なのかということさえも、歴史的に考えなければならないから、これでは何の答えにもならないことは間違いない。しかしおおよそ「神道」として理解されているものの要素を大雑把にでも取りだせば、右のような五つを挙げることができるということは言えるだろう。

先に、この講義では、目の前にある事象を出発点にして、そこに見いだされる様々な要素を歴史的に、あるいは構造的に取りだして、「ヒンドゥー教」というものの姿を明らかにしたいと私は言ったが、その際に、われわれにとって比較対象として最も身近なものは、歴史的にも構造的にも

る上での参照点にしたいと思う。

「神道」ではないかと思う。そこで、右に挙げた五つの要素をこれからヒンドゥー教について考える上での参照点にしたいと思う。

「ヒンドゥー」＝インダス人

さて、「ヒンドゥー教」は英語では「ヒンドゥイズム(Hinduism)」という。言い換えれば、「ヒンドゥーたちの宗教」という意味である。それでは、「ヒンドゥー(Hindu)」は何を意味しているのだろうか。英語の辞書を引けば、複数形(Hindus)で「ヒンドゥー教徒」を意味するとなっている。こうなると、「ヒンドゥー教」とは「ヒンドゥー教徒の宗教」であるということになって、トートロジーでしかなくなってしまう。ここは、「ヒンドゥー」という語についてもう少し正確に知るために、歴史的にその語源を探ることにしよう。

「ヒンドゥー」という語は、元をたどれば、古代のインド語であるサンスクリットと言語的に最も近い関係にある古代イラン語の中に最初に現れる。古代イラン語にはアヴェスター語と古ペルシア語の二種があるが、ゾロアスター教の聖典である『アヴェスター』(前七世紀以前に成立)には、善神アフラ・マズダが創った一五番目の土地として「七つの川(ハプタ・ヒンドゥー)」という地名が現れてくる(「ウィーデーウダート」一・一八)。これはインダス川とその支流が流れる地域を指している。また、アケメネス朝ペルシアのダレイオス一世(在位前五二二—前四八六)が、前五一五年(一説には前五一七年)にその領土をインダス川流域にまで広げた事績を記した古ペルシア語の碑文では、「インダス川流域に住む人々」を指して「ヒンドゥー」の複数形が使われている。

　一方、『リグ・ヴェーダ』(一・三五・八)では、サヴィトリ(太陽神)が見渡す大地に、同じく「七つの川」があるが、そこでは「シンドゥ(sindhu)」の複数形が使われている。つまり、古代のインド語では、インダス川とその支流は、「シンドゥ」と呼ばれていたのである。ちなみに、インダス川は、現代のヒンディー語でもウルドゥー語でも「シンドゥ」と呼ばれている。

　この「シンドゥ」/「ヒンドゥー」という語は、もともとは一般名詞として、「川」などの「人が住む地域の境界(線)」を意味し、それが個別的に「インダス川」を表す固有名詞となったと考えられるのである。そして、この固有名詞が、ギリシア語に入って「インドース(Indos)」となり、ラテン語で「インドゥス(Indus)」となったのが、現代でも使われている「インド(India)」という語の由来である。こうしてみれば、複数形の「ヒンドゥー」とは、もともと「インダス人」を意味していたということになるだろう。

　インダス川は現代のパキスタンの中央を流れる大河である。今日、パキスタンの人口の八割近くはインダス川流域に集中している。そしてパキスタンはよく知られているようにイスラーム教を国教としており、国民の九七%がイスラーム教徒(ムスリム)である。一九四七年のイギリス領からのインドの独立に際して、ムスリムの住民が多数を占める地域として分離独立したものである。この一帯は古くからムスリムが住む地域であった。一六世紀にアクバル大帝(在位一五五六―一六〇五)が北インドを統治し、イスラームの国であるムガル帝国の基礎を固めたことは有名であるが、インダス川流域へのムスリムの定住が始まったのはそれよりもずっと早く、八世紀の初めのことであった。

「ヒンドゥー」＝異教徒

インダス川流域にムスリムたちが住み始めた結果、「ヒンドゥー」は、ムスリムにとって、その土地にもとから住んでいた人々を指すとともに、自分たちとは別の人々、つまり、イスラーム教とは別の宗教の人々を指す語となった。ムガル帝国初代皇帝バーブル(在位一五二六―一五三〇)は、その回想録の中で、「ヒンドゥー人は邪教徒をヒンドゥーと呼んでいる」(間野英二訳註『バーブル・ナーマ』3、一二一頁)と記しているが、まさしく「ヒンドゥー」は、イスラーム教徒から見れば「邪教徒」なのである。イスラーム教は改宗を求める宗教である。その土地に住む改宗した者たちは、当然「ムスリム」と呼ばれることになる。そして、改宗しない邪教徒たちが、「ヒンドゥー」である。

ムガル帝国の時代、インダス川流域のこの地域は交易で栄え、ムスリムのみならず、ユダヤ教徒やキリスト教徒、またジャイナ教徒らが、「ヒンドゥー」とともに多く暮らす地域となっていた。その結果、「ヒンドゥー」は、ムスリムともユダヤ教徒ともキリスト教徒とも、さらにはマハーヴィーラ(前五世紀頃)を開祖としてグジャラートなどインド西北部の地域を宗教活動の場としたジャイナ教徒とも異なる、インドに固有の民族的な宗教の信者たちを指す語となったのである。

したがって、「ヒンドゥー」は、もともとインド人自身が自ら名乗った名称ではないし、自分たちの宗教を言うものとして「ヒンドゥー教」と言ったのでもなかった。それは、イスラーム教徒や西洋人から見て、宗教的に自分たちとは異なる人々を指すための語であった。つまり、「異教徒」である。

このことは、一八八六年にヘンリー・ユールによって刊行された植民地インドにおける日常英語の辞典『ホブソン・ジョブソン(*Hobson-Jobson*)』によっても確かめることができる。「ジェンツー(GENTOO)」という見出し語の下に、「この語は、ポルトガル語で「異教徒」を意味するGentioがなまったもので、その複数形は、「ムーア人たち」すなわち「イスラーム教徒」と対比して区別するために、ヒンドゥーたちに対して使用された」と解説されている。

「ヒンドゥー」の転換点

このように、「ヒンドゥー」そして「ヒンドゥー教」は、イスラームの人々や西洋人などの他者からの視線によって、「インドにもとから住む人々」そして「その人々の信仰(信念)」に対して付けられた名称であった。ところが、この語のもつ意味が一九世紀後半から二〇世紀にかけての時期において大きな転換点を迎えることになる。インド人自身が自らのアイデンティティーを示す語として、「ヒンドゥー」および「ヒンドゥイズム」を使うようになったのである。

　一八九三年にシカゴで開催された第一回万国宗教会議におけるヴィヴェーカーナンダ（一八六三―一九〇二）の言葉に、その典型を見ることができる。万国宗教会議は、世界の宗教指導者が集まって諸宗教間の対話を行う国際会議である。第一回の会議には、キリスト教の諸派やユダヤ教、イスラーム教を代表する宗教者が集まり、日本の禅の老師として釈宗演《しゃくそうえん》（一八六〇―一九一九）が参加したことでも知られている。ヴィヴェーカーナンダは、この会議における講演で大成功を収め、聴衆に大きな感動を与えた。会議の終了後は、約五年間アメリカやイギリスでヒンドゥー教の布教活動を行い、一八九七年に帰国した後、慈善団体であるラーマクリシュナ・ミッションと、普遍宗教への理念を掲げるラーマクリシュナ・マットという宗教教団を設立している。

図1　ヴィヴェーカーナンダ（1893年，シカゴ）

　第一回万国宗教会議は九月一一日から二七日の間に開催された。ヴィヴェーカーナンダはヒンドゥー教を代表する宗教者として招待されていた。彼は、九月一一日の開会式で答礼の挨拶を行い、その冒頭で、「世界で最古の僧団」、「諸宗教の母」であるヒンドゥー教を代表して、温かく心のこもった歓迎に感謝すると述べ、「私はあなた方に対して、すべての階層とすべての宗派に属する幾百万、幾千万のヒンドゥーの名において、感謝申し上げます」と言っている。そして続けて、「人類に対して寛容の精神とすべてを受け入れることを教えてきたこの宗教に自分が属していることを誇りに思っています」と述べたのであった。

会議において、ヴィヴェーカーナンダはこの後五回のスピーチを行っている。なかでも九月一九日には、ヒンドゥー教についての自らの論考を読み上げたが、彼がそこで主張したのはおおよそ次のようなことであった。

はるか先史の時代から今に至るまでわれわれに伝わっている宗教として、ヒンドゥー教とゾロアスター教とユダヤ教があるが、それらはいずれも歴史の中で凄まじい衝撃を経験した。その中で、ユダヤ教はキリスト教を吸収することに失敗して、その誕生の地から追い払われてしまった。ゾロアスター教は、今や、自分たちの偉大な宗教を伝えるためにほんの一握りのパルシー教徒たちが残っているだけである。それに対してヒンドゥー教においては、次々と様々な宗派が起こって、襲い来る津波のように古来のヴェーダ信仰の根幹を揺るがしたが、結局、それらの諸宗派はすべて母なる信仰の巨大な本体の内へと吸い込まれ同化されたのであった。

ヴィヴェーカーナンダは、ヒンドゥー教をこのようにインドの土地に太古以来伝わってきた自然的・本来的な信仰とまずとらえた上で、彼のヒンドゥー教論を展開している。その上で、彼は、ヒンドゥー教の内には、ヴェーダとウパニシャッドの思想から発展したヴェーダーンタ学派の高次の哲学から、偶像崇拝のような低次の観念まで、さらには仏教の不可知論やジャイナ教の無神論までが含まれていると言う。ここには、インドの伝統的な観念である多なるものを包摂する一なるものという観念、全一思想を認めることができるだろう。そして、彼は、互いに矛盾するようなすべてのものをひとつにする共通の基盤としてあるのは何かと問うことで、自らのヒンドゥー教論を新たに展開するのである。

ヴェーダ至上主義

共通の基盤としてあるもの、それはヴェーダだと、ヴィヴェーカーナンダは言う。ヴェーダは、ヒンドゥーたち(インド人たち)に精神的に与えられた「啓示」であり、ヴェーダを通して、自分たちは「宗教」を受けとったのだと彼は主張している。ヴェーダとは、「知識」を意味する語だが、前一二〇〇年頃に成立してきたインド最古の宗教聖典(口伝による)の総称である。彼は、そのヴェーダを、文献ではなく、「異なる時代の様々な聖者たちによって発見された精神的な諸法則が集まった宝庫」だと言うのである。つまり、ヒンドゥー教を、インドの太古の精神であるヴェーダを根源とする「啓示的」な宗教としてとらえたのであった。

ヒンドゥー教の根源にヴェーダをおく主張は、実は、ヴィヴェーカーナンダに先だって、ラームモーハン・ローイやダヤーナンダ・サラスヴァティーによってなされたものであった。

ローイは、一八一六年に英語の「ヒンドゥー教(Hinduism)」という語をインド人で最初に使った人物だと言われている。彼はヴェーダに基づくヒンドゥー教改革運動を主導し、ブラフマ・サマージ(ブラフモ協会)を一八二八年に設立したが、徹底した合理主義的精神に基づいて、ヒンドゥー教を唯一神教へと改革して、普遍宗教に位置づけようと試みたのであった。このブラフマ・サマージ運動には、ヴィヴェーカーナンダも、一八八一年に加わっている。

一方、ダヤーナンダ・サラスヴァティーは、アーリヤ・サマージの運動を主導した。彼は、徹底したヴェーダ至上主義を掲げている。「ヴェーダに帰れ」というスローガンのもと、ヴェーダに基づく「普遍協会」を創り、ヒンドゥー教を原理化するという目標のために運動を展開した。彼はまた、『サティヤールトゥ・プラカーシュ(真理の照明)』という本をヒンディー語で著したが、この本は二〇以上の現代インド諸語と英語、フランス語、ドイツ語などに翻訳されて、いまでも広く読まれている。その中で彼は、現存するすべての宗教はヴェーダから生まれたとまで言っている。

ヴィヴェーカーナンダやローイが理想としたのは、普遍宗教であった。それは、宗教としての普遍性をキリスト教から学びとりながら、真の普遍性はヒンドゥー教にこそあるとして、キリスト教に対する優位をも主張するものであった。さらにその根源に古代のヴェーダをおき、それとの連続性を主張した。また後述するようにヴェーダよりも古い文明としてインダス文明が知られると、それを古代の都市国家の高度文明とみて、そこに自分たちの淵源を求めようとさえしたのであった。

こうした者たちの運動は、「ネオ・ヒンドゥイズム(新ヒンドゥー教)」と呼ばれることもあるが、結果的には、復古主義とナショナリズムに結びつくものとなった。それは、当時インドがおかれた植民地支配の状況の中で、西洋文明(キリスト教)の影響を受けながらも、精神的には自国の文化の優位を主張しようとするものであったからである。そこから、ダヤーナンダのような排他主義的な運動を熱烈に展開する者が生まれることにもなったのである。

ヒンドゥトヴァ

このように見てくると、「ヒンドゥー教」をどのような観点から見るかによって、そのとらえ方も変わってくると言えるだろう。インドと呼ばれる土地に古来暮らしてきた民族の自然的・本来的な信仰ということもできれば、その根源にヴェーダを認めることでヒンドゥー教の統一性を主張することもできるだろう。さらにそのヴェーダに精神性を見いだして、それを「啓示」ととらえれば、ヒンドゥー教をキリスト教やイスラーム教のような「啓示宗教」と主張することも可能になるだろう。他方そこには、樹木崇拝や偶像崇拝の要素もあれば、民間信仰として発展してきた要素もある。仏教やジャイナ教、さらにはシク教なども、その開祖がインドの土地に生まれ、その土地において発展した宗教であるから、その限りにおいては「ヒンドゥー教」に含まれないということはない。それらが教理を整え教団制度を発展させる中で、それらの影響をうけて、古来の自然宗教的な「ヒンドゥー教」も教理を整備し理論化を行うことにもなり、その過程で、多くの信仰形態を生み出し、様々な宗派が現れてくることにもなるだろう。そして、ネオ・ヒンドゥイズムのような国家と結びついた運動を生み出すことにもなる。

先に、「神道」の宗教としての五つの特徴、①民族の信仰である、②民間信仰がもとになっている、③理論化の過程をもつ、④様々な流派に分かれる、⑤国家や政治と結びつく、ということを挙げたが、ヒンドゥー教にも同様の特徴を見て取ることができるのである。

ヒンドゥー教は、その実際の姿において、つまり信仰形態、伝承形態、教理、儀礼など、その構造の点から見て実に多様な宗教である。歴史的に見ても様々な要素が層をなして積み重なっている。したがって、これを理解するためには多層的な観点をとることが必要になる。単に文献に基づくというだけでは不十分であろうし、神学的・哲学的な観点だけからではヒンドゥー教の全体を見ることはできないであろう。ただし、私が得意とするのは文献に基づいて、それを哲学的に読み解くことであるのだが。

一方で、ヒンドゥー教を統一的にとらえなければならないとすればどうだろうか。先に見たように、ネオ・ヒンドゥイズムの運動は、植民地からの解放を要求する中で、ナショナリズムと結びつき、いわば「ヒンドゥー」に単一のアイデンティティーを求める運動であったと言えるだろう。この「ヒンドゥー」としてのアイデンティティーを指す言葉として、今日、「ヒンドゥトヴァ(hindu-tva)」という語がよく使われている。インドの現政権を支えるインド人民党が掲げるスローガンとして「ヒンドゥー至上主義」が言われるが、これは「ヒンドゥトヴァ」を訳したものである。

ヒンドゥトヴァは、そのまま訳せば「ヒンドゥー性」ということである。「トヴァ」は抽象名詞を作る接尾辞で、「ヒンドゥーであること」という意味になる。意訳すれば、「大和魂」にならって「ヒンドゥー魂」とでもなるだろうか。ヒンドゥーに単一のアイデンティティーを見いだすための標語と言っていいだろう。しかし、ヒンドゥー教のもつ歴史的・地理的な多様性を考慮したとき、そこに統一性を見いだすことは困難である。歴史の多様な層のなかから適当に都合のよい要素だけを抜き出すのであれば、ヒンドゥー教について統一的なイメージを与えることも可能かもしれない。しかしそれは政治的な態度であり得ても、学問的な態度では決してあり得ないと思う。以下の講義では、多様なものは多様なままに語ることにしたい。

積み重なる歴史の層

現に目の前にある具体的な現象としての宗教について考えるためには、いくつもの層をそこに読みとる必要がある。現代の視点からヒンドゥー教の歴史的な重層性をとらえるために、見いだすべき層は基本的にいくつぐらいあるのか。ここでは一千年ごとに区切って、五つの基本的な時代層に分け、その特徴を示しておきたい。以下の説明で、段落の末尾に示すのは、関連する講義の番号である。

【時代層I　インダス文明（前二五〇〇―前一五〇〇年）】

ヒンドゥー教の歴史を語るにあたって、インダス文明をそこに含めるかどうかは大いに問題となるところだろう。インダス文明の都市遺跡であるモヘンジョ・ダロが発見されたのは一九二二年のことである。そこに残された遺物が、先に一九世紀半ばから発掘調査が進められていたハラッパー遺跡から出土した物と類似していることから、以後両方の都市遺跡の発掘が進み、それらが前二五〇〇年頃に栄えた大都市文明の遺跡であることがわかったのである。その結果、ヴェーダ時代に先立つこと一〇〇〇年以上も前に、インド亜大陸に高度に発達した都市文明が存在していたことが明らかになった。

ヒンドゥー教の中にインダス文明から受け継がれた宗教的な要素が見いだされる可能性を排除することは、学問的にもできない。インダス文明については、そこで使われていた言語はドラヴィダ語系であったと推定されている。文字らしきものが刻された印章が多数発掘されているが、いまだに解読されていない。しかしその遺跡から発掘されるテラコッタ製の地母神像や女神像に見られる

図2　パシュパティの印章（モヘンジョ・ダロ出土）

民間信仰の要素や、印章に刻まれた動物や樹木に見られる自然崇拝の要素などは、ヒンドゥー教のアニミズム的な要素と関わりをもつと見ることができるだろう。特に四種の動物に囲まれた神（パシュパティ）を描いた印章などは、後のヒンドゥー教の主神であるシヴァの原型を描いたものと言われ、興味深い。

　インダス文明はまた、整備された城塞都市で知られている。城塞の中には、祭式に使われたと思われる宗教的な建造物や大きな沐浴場があったことが知られているが、こうしたプールのように大きな沐浴場（タンク）は、後のヒンドゥー教寺院に見られるものである。また、動物犠牲をともなう祭式や水による浄化を意味する沐浴は、今日でもヒンドゥー教の重要な要素である。

【時代層Ⅱ　ヴェーダの時代（前一五〇〇―前五〇〇年）】

インダス文明は前一五〇〇年頃に滅びる。理由は解明されていない。洪水が原因と言われたりもするが、新しく侵入してきたアーリヤ人によって征服されたとも言われている。アーリヤ人が、西北部インドから南下して、パンジャブ(五河)地方に定住したのが前一五〇〇年頃とされている。このアーリヤ人が保持していた宗教的な文献がヴェーダである。アーリヤ人の宗教は、「祭式」を重視するものであった。現世における子孫の繁栄や家畜の増殖を祈願し、戦闘における勝利を願って祭式が執行された。

祭式においては、神々への讃歌が祭官(バラモン)によって唱われ、祭式を構成する様々な儀礼を規定通りに執行するのも祭官の役目であった。祭式におけるそのような讃歌や規定の集成がヴェーダ聖典である。「ヴェーダ」という語は「知識」を意味する。それは、聖仙(リシ)が神から啓示されたものと信じられていた。ヴェーダの世界は多神教の世界である。しかし、ヴェーダにおいて中心に位置したのは祭式であり、主役は祭官であって神々ではなかった。神々は、祭式を執行する祭官によってコントロールされる存在であった。ヴェーダに基づくインド古来の宗教が「バラモン教(ブラフマニズム)」と呼ばれるのは、そのような理由からである。そこでは、祭式において祭官が唱える言葉にこそ力がそなわっていると考えられた。その力が、「ブラフマン」と呼ばれ、やがてこれが「宇宙の最高原理」とみなされるようになる。

祭式中心のこのような世界観においては、「信」もまた祭式の効力を信じるということにおいて成り立つものであった。そこには人格神に対する崇拝のような信仰のあり方は見られない。その一方で、前六世紀頃になれば、一元的原理を哲学的に探求する傾向が顕著になる。それが「ウパニシャッド」と呼ばれる文献群を生み出した思想運動である。さらに、創造の始まりにおいて根源的な一者として存在していたものが万物を生み出すという宇宙創造説は、インド的な創造説の典型であるが、この創造説と最高原理「ブラフマン」の観念が結びついて唯一神（絶対神）の観念が生まれ、そこから人格的な主宰神（イーシュヴァラ）の観念も生まれてきたのである。［第2、3講］

【時代層Ⅲ　叙事詩とプラーナの時代（前五〇〇―後五〇〇年）】

紀元前後において、インドの二大叙事詩と言われる『マハーバーラタ』と『ラーマーヤナ』が成立し、それに続いて「プラーナ」と呼ばれる神話・伝説を語る文献群が作り出されてくる。そこでは様々な神話や宗教的な教えが語られているが、それらはヴェーダ聖典に見られたものとはかなり異なったものである。ひと言でいえば、土着的な要素が見られるのである。しかし、これらは「スムリティ」（聖典）としての扱いを受けているから、原則的にはヴェーダの伝統を重んじるバラモン主義のグループによって完成されたものである。その結果、これらの文献の性格は非常に複雑になり、多層的な構造をもつものとなった。［第4講］

神々について言えば、ヴェーダにおいては神々の中の最高神であったインドラは、その威光をすっかり失い、新しい神々に主役の座を譲っている。プラーナでの最高神の位置を占めたのは、ブラフマーとヴィシュヌとシヴァの三神であった。三神のなかで、ブラフマー（男性）は、先に触れた宇宙の最高原理ブラフマン(中性)が人格神化されたものである。三神は、それぞれ役割をもち、ブラフマーが世界を創造し、ヴィシュヌが維持し、シヴァが破壊するということになっていた。しかし、やがてシヴァとヴィシュヌの二神の個性が際立つにつれて、ブラフマーの姿は後退し、ヒンドゥー教はシヴァ教とヴィシュヌ教の二つの大きな流れを形成することになる。[第5講]

シヴァ教の主神シヴァは、苦行者でありながら歓楽に耽り、創造者でありながら世界の破壊者でもあるという常に両義的な存在である。シヴァ教については、特に、「プラーナのシヴァ教」と「非プラーナのシヴァ教」という区別がなされる。「プラーナのシヴァ教」は、シヴァ神を信仰しながらも、ヴェーダの権威を認め、伝統的な家庭祭式を遵守し、ヴェーダのマントラ(呪文)を唱えてシヴァ神への日常礼拝を行う者たちとして諸プラーナに現れている。「スマールタ」(伝統的保守派)のシヴァ信仰とも言われる。[第8講]

一方、ヴィシュヌは恩寵の神である。ヴェーダの神ではあったが、それほど高い位置を占めてはいなかった。それが最高神の地位を占めるようになったのは、ナーラーヤナ、ヴァースデーヴァ、クリシュナなどの民間信仰の中で伝承されてきた神々と一体化した結果である。中でも、クリシュナは特別に人々に愛された神である。『マハーバーラタ』に含まれる聖典『バガヴァッド・ギーター』では、時に主人公アルジュナの従者・友人として、時には絶対的な神として現れ、『マハーバーラタ』の補編である『ハリバンシャ』では、その幼年時代が語られている。[第9講]

【時代層Ⅳ　バクティとタントリズムの時代（五〇〇―一五〇〇年）】

「バクティ」（神への帰依）の観念は、早くに『バガヴァッド・ギーター』の中に現れて、神に「専心」し神に心からの信仰を捧げる者は等しく神に愛され、その恩寵によって「解脱」に至ると説かれたが、それは神学的な観念で、「知的バクティ」として特徴づけることができる。その後、この観念が、実際の信仰の実践において、神に対する「信愛」として、あるいは「絶対的な帰依」の感情として表明されるようになるのがこの時期のことで、「情的バクティ」と特徴づけられるものである。このような人格神（バガヴァーン）や女神に対する熱烈な帰依の感情を歌った宗教詩人（アールヴァール）たちによるバクティ運動は最初は南インドで起こったが、宗教運動としてインド全土に広がり、さらには文学作品など様々な文化的な運動の中に具体的に現れることになる。［第6講］

またこの時期のシヴァ教は、「非プラーナのシヴァ教」が中心になる。「プラーナのシヴァ教」がヴェーダの権威に依拠したのに対して、「非プラーナのシヴァ教」はプラーナの中では反ヴェーダを唱える異端としてもっぱら描かれていた。しかし中世になると「非プラーナのシヴァ教」の方が、広く一般に受け入れられることになる。いくつかのグループに分かれ、なかには神秘主義的な神学を高度に発展させたものもある。ドゥルガーやカーリーなどの女神信仰とも密接に関連し、密教（タントリズム）的な傾向を強く有する宗派となっていく。［第7講］

中世後期になると、イスラームの支配が徐々に及んでくるが、南インドでも北インドでも、バクティ運動と結びついて、人格神であるヴィシュヌやシヴァ、そしてクリシュナへの熱烈な信仰を説く宗教者たちが現れてくる。こうして、ヒンドゥー教は新たな局面を迎えることになる。［第10講］

【時代層Ⅴ　その後のヒンドゥー教（一五〇〇年―現在）】

一五二六年にムガル帝国が成立して以降、ヒンドゥー教は、その時の支配者の意向によって大きく影響を受けることになる。アクバルのような寛容な皇帝によって融和策がとられることもあれば、その一〇〇年後のアウラングゼーブ（在位一六五八―一七〇七）のような皇帝によって大弾圧を受けることもあった。そうした中で、ヒンドゥー教の諸宗派はヴェーダーンタ的な一元論の傾向を強めていく。一八五八年からは、ムガル帝国に代わってイギリスによる植民地支配が始まる。さらには、独立運動を経て新たなインドとなった中でのヒンドゥー教という側面についても考慮しなければならないだろう。［第10講］

北インドと南インド

さらに、ヒンドゥー教を考えるうえでは地理的な観点も必要になる。ヒンドゥー教のもつ汎インド的な要素は北でも南でも同じだから、北の人が南の寺院を訪ねてもそれほど違和感はないと言われる。しかし、それぞれの地域がそれぞれの特性をもっているのも確かである。特に歴史的に考えれば、「北インド」と「南インド」の文化的な基層の違いには注意しなければならないだろう。

一世紀初頭には、バラモン教を中心とする北インドのアーリヤ文化は、すでに南インドにも浸透しており、タミル文化にも強く影響を与えていたが、それはエリートであるバラモンたちの間でのことである。民衆の間では土着の文化が当然のことながら綿綿たる伝統を形づくっていた。そのような土着の文化が表面に現れてくることもある。表層のサンスクリット文化(アーリヤ文化)が、基層の土着文化に入り込む一方で、時として土着の文化が表層に現れてくるという双方向の運動は、南インドのみならず、インド全体のヒンドゥー教の歴史においてしばしば見られる現象である。このような文化の動きについても考慮しながら話を進めることにしたい。

第 *2* 講

信仰の形

プージャーとヤジュニャ

祈りの姿．ガンジス川での朝の沐浴

祈りの形

日本人の多くが自分は無宗教だという意識をもっていると先に述べた。それは、おそらくは、キリスト教徒のように明確な信仰をもっているわけではなく、新宗教の信者たちのように熱心に信心しているのでもないという意識の表れであって、自分は全く宗教と関係がない、神や仏を全く信じていないと言っているわけではないだろう。その証拠に、これもよく言われることだが、多くの日本人が正月には初詣に神社に行き、盆には先祖の霊を供養し、葬儀では死者を弔い、結婚式では神に誓っている。子供の誕生や七五三、成人式などの人生の節目で、神社や寺院に参拝もしている。そして、そのような場で、われわれはたいてい自然と神や仏に手を合わせて何かを祈っている。家内安全、商売繁盛、人々の幸せ、天国での平安、試験合格、無病息災、交通安全、国家安泰などなど、祈りの内容は様々であっても、手を合わせて何ものかを(に)祈る、その形は変わらない。

同じ形はインドの各地でも見ることができる。寺院でも、大樹の下のほこらの前でも、川辺でも。祈る姿はインドでも日本でもたいてい同じである。

しかし違いもある。音と匂いである。インドでは寺院への参道は騒音に満ちあふれている。スピーカーからは何かお経の文句のようなものが流れている。ラッパや打楽器の音が鳴り響き、香辛料の匂いとお香のかおりが混じり合って強烈に鼻を刺激してくる。寺院の中に入ると喧噪はさらに激しくなる。薄暗くてよく見えないが信者たちがひしめき合っている。耳をふさぎたくなるほどの音の洪水の中に鉦《かね》の音が混じり、お経の文句が響いている。香の煙が立ちこめ、ビャクダンやジャスミンの強烈な匂いに息苦しくなる。垣間見えた小さな神像は金や銀の飾りが付いた衣をまとって、暗闇の中に輝いている。人々は合掌した手を高く上げ、神の名前を口々に叫んでいる。

学生の頃、研究会で、神道とヒンドゥー教を並べて論じたことがある。日本宗教学の先生からひどく叱られた。「猥雑な牛殺しの宗教と清浄な神道とを一緒にするな」と。「牛殺しの宗教」であるかどうかは別にして、確かにヒンドゥー教は猥雑と言えなくもない。人の心を身体ごと躍動させるようなヒンドゥー教の祭礼と、身体性を消し去り魂だけを取りだしてそれをも鎮めてしまおうとするような神道とでは、余りに違いすぎると言えるかもしれない。しかし、手を合わせ、神に祈る姿を見れば、

図3　ガンジス川での夕べの祈り

そこに共通する形があることも理解できるだろう。

プージャーとは

このような礼拝の形は、ヒンドゥー教では一般に「プージャー」と呼ばれている。さまざまな場所で、神像に向かって合掌し、水や香をかけ、花を飾り、供物を供える。規模の大小はあっても人々が示す「プージャー」は、おおよそこのような作法をともなっている。大きな寺院などではもう少し形式が整えられて祭官によって執り行われるが、そこで見られるのも同じような作法である。寺院の祭官がマントラ(呪文)を唱える中で神像が灌頂《かんじょう》され、色とりどりの布が着せられ、各種の供物がその前に供えられる。香り高い香油が塗られる。まわりでは絶えず鉦や太鼓がたたかれている。神像に供物を捧げて礼拝する、それが「プージャー」である。人々がそこでめざしているのは神像を目の当たりにすることである。いや神像と言ってはいけない。「神」そのものである。「神」を直接体験することである。これは、「ダルシャナ」(見ること)と言われる。「見神」である。そして、儀式が終われば、神によって祝福された供物のお下がりをもらって、人々は満足して帰っていく。

神(像)に対して花や香油や灯火を献じて礼拝するという行為は、プージャーを特徴づけるものである。古代のインドにおいてそのような形の信仰がいつ頃から始まったのか、それは不明である。

図4　ヴェーダのホーマの儀礼について実習している学生たち（リシケーシュ）

しかし確かなことがある。ヴェーダ聖典に記録されている祭式の主要部分には、神像を礼拝することも、それに供物を献じることも述べられていない、ということである。

ヴェーダの祭式においては、供物が献げられるのは神像ではなく「火」であった。これは「ホーマ」と呼ばれる崇拝の形である。「ホーマ（homa）」という名詞は、「供物（多くの場合、「ギー」と呼ばれる精製された溶かしバター）を火に献じる」「献供する」という意味の動詞「フ」（hu-）から派生した語である。また、「ホーマ」は漢字では「護摩」と音写された。日本の密教寺院に行けば、今日でも護摩壇が築かれその火炉で護摩木が焚かれて護摩供が行われている。火に供物を投じるというその行為は、まさにヴェーダの祭式における「ホーマ」に由来するということができるだろう。

しかし、「護摩」には別の要素も見られる。仏教の儀礼である護摩供は、不動明王や大日如来といった仏像の前で行われることが多い。つまり、そこには供物を火に投じることとともに、本尊を供養するという別の要素も見られるのである。日本の密教寺院で見られる護摩の儀礼は、ヴェーダに由来する宗教行為にプージャー的な要素が付け加えられたものと言うことができるだろう。

このように、ヒンドゥー教の礼拝の形として現代のインドで日常的に見られるプージャーであるが、ヴェーダの伝統とは異なる要素をもっており、おそらく起源を異にしていると思われるし、では神像に供物を供えるそのような礼拝の形が、いつ頃、どのようにして始まったのかと聞かれると、それに答えることは難しい。そこで、成立年代がわかるいくつかの文献の中で、「プージャー」の語がどのような意味で使われているかを見ることから、この問題を考えはじめよう。

プージャー＝「尊敬」

動詞の「プージュ」(pūj-「プージャーする」)がどのような意味で使われているかを、まず『マヌ法典』で見ることにしたい。『マヌ法典』は、「スムリティ」と呼ばれる文献のひとつで、前一世紀には今に伝わる本文全体の原型が出来上がっていたと考えられる。スムリティは、共同体の内部での日常的な行動について、そこで伝承されてきた規範を集めたものである。なかでも『マヌ法典』は、「法典(ダルマ・シャーストラ)」というタイトルが示すように、古代のインド人の生活全般にわたっての義務的な行動規定を示す全一二章からなる典籍である。そこにはたとえば、王たる者のとるべき生き方が次のように述べられている。

王たる者は、ヴェーダを知り清浄な老いたバラモンたちに常に奉仕すべきである。なぜならば、老いた者に奉仕する者は鬼によってすら常に**尊敬される**からである。（『マヌ法典』七・三八）

ここで、「尊敬される」と訳したのが「プージュ」という動詞の受身形(pūjyate)である。つまり、「プージュ」は、「尊敬する」「崇める」のように、対象を尊いものとして扱うことを意味する語である。そして、比較的古い用例を伝えている『マヌ法典』では、この動詞の目的語は、右の詩節における「老いた者」のように、もっぱら「尊敬されるべき人」である。これは、叙事詩の『マハーバーラタ』などでも同じで、一般的な用法で「尊敬にあたいする人」を表す語として「プージャー・アルハ(pūjārha)」という語がよく出てくる。つまりそこでは、「プージュ」する対象は、人であって、神(像)ではない。『マヌ法典』の別の箇所には次のような詩節もある。

女性たちが**尊敬される**ときに、神々は満足する。しかし、女性たちが**尊敬されない**ときは、祭式はすべて果報をもたらさないものとなる。それゆえに、女性たちは、繁栄を望む男たちによって、客人を歓待するときでも、祭のときでも、さまざまな装身具、各種の衣服、色々な食べ物によって、常に、**尊敬されるべき**である。(同三・五六、五九)

このように、『マヌ法典』では、「プージュ」という行為の対象は常に人であった。しかしこれが『ブリハット・サンヒター』という、のちの六世紀前半に活躍した天文学者であるヴァラーハミヒラ作の占星術書(宮廷における王と臣下の日常的な活動全般を吉凶という観点から規定する書物)となると、「プージャー」という名詞、そして「プージュ」という動詞は、すこし異なったニュアンスをもって使われることになる。

プージャー＝「供養」

先ほどの詩節にある「〜は、〜によって、尊敬されるべきである(pūjya)」というのと全く同じ構文の文章が、『ブリハット・サンヒター』の中にあるので、これを見てみよう。

悪鬼や魔神たちは、肉入り飯と酒によって、「プージュ」されるべきである(pūjya)。祖霊たちは、塗油、香油、胡麻油、そしてまた肉入り飯によって[、「プージュ」されるべきである]。

一方、ムニ(聖仙)たちは、サーマ・ヴェーダ、ヤジュル・ヴェーダ、リグ・ヴェーダによって、そして香と香煙と花輪によって[、「プージュ」されるべきである]。

(『ブリハット・サンヒター』第四七章三〇―三一)

この文章は、王が国の平安(シャーンティ)を願って行う儀礼(「プシュヤ沐浴」と呼ばれている)の際に、宮廷祭官(プローヒタ)が、地面に描かれたマンダラ図形の各位置に、神々や魔神たち、祖霊やムニ(聖仙)たちを勧請《かんじょう》した後で、それぞれに相応しい供物を与えて「プージュ」すべきことを述べるものである。ここでは、「プージュ」する対象が神々や魔神たちといった人間以外のものになっていることに、まず注目しなければならない。また、実際に神像が置かれるわけではないが、マンダラ図形に配置された各部位に神々などが召喚されることにも注意する必要があるだろう。そして、この儀礼の始まりと終わりに宮廷祭官が唱えるべきことが、次のように規定されている。

このようにすべて[の神々など]を勧請した後、宮廷祭官は[儀式の始まりにおいて]次のように唱えるべきである。「[神々は]プージャーを得て、王に平安を与えた後で、明日、帰って行くことになります」と。

(同第四七章二一)

[終わりに、宮廷祭官は、合掌して次のように唱えるべきである。]「すべての神々の一団たち

は、王からプージャーを得た後で、帰って行きなさい。[王に]大きな成功を与えたらまた再びやって来るために」と。
（同第四七章七九）

王国の平安を願うためのこの儀礼において見られるのは、「プージュ」するべき対象を、まず迎え、それに相応しい供物を与え、そして送り出すという一連の行為である。そしてこの一連の行為の全体が「プージャー」と呼ばれている。つまり、ここでは、「プージュ」するとは、客人を迎え、もてなし、見送るということを意味している。いわば「おもてなし」である。

このようなことから、「プージャー」の起源に、ヴェーダ時代の賓客歓待の儀礼を想定する学説もあり、「歓待儀礼」という訳語もある。古来、賓客をもてなすことを意味した「プージャー」が、神を賓客としてもてなすことをも表すことになったという仮説である。ただ、この『ブリハット・サンヒター』において注目すべきは、シンボルとしてであっても神や鬼神に対して供物を供える行為が「プージャー」と呼ばれていることであろう。そこには、確かにわれわれが「供養」と呼んでいる礼拝の形を見て取ることができる。

プージャー＝「神像礼拝」

また、『ブリハット・サンヒター』には、ヴィシュヌやシヴァ、さらにはブッダなどの「神像の特徴」を述べる章(第五七章)や「神像設置」に関する章(第五九章)がある。つまり六世紀前半のこの時期には、具体的な姿形をとった神像に対する礼拝もすでに行われていたということになるだろう。神像は、そこでは「プラティマー」と言われている。「似姿」という意味である。図像も意味しうるが、ここでは木や土や石、金属や宝石などで作られた立像を指している。

さてその「神像設置」の章では、神像を設置するにあたって、その前夜の儀礼から説明がなされている。まずは神像の沐浴から始まるが、それに先だってバラモン祭官が、設置される神像にふさわしいマントラ(呪文)を唱えて「祭火に献供すべし(juhuyāt)」という規定が見られる。これは、先に見た「ホーマ」の儀礼である。これに続けて、神像の設置の儀礼が始まる。

神像を設置する人は、[安置されている場所から、祭場にある]美しく敷物が広げられた座[に神像を遷座させ、そこ]において、神像を、沐浴させ、未着用の新しい衣服を着せ、装飾品を着けさせ、花々や香の供物によって供養するべきである。眠りに入った神像を、歌や踊りで夜を明かす不寝番の者たちによって[、供養するべきである]。正しくこのようにして塗香などで浄めた後で、[翌日、]占星術師に指示された時間に、神像の設置を行うべきである。花々や衣服や塗香によって供養した後で、法螺貝などの諸楽器のにぎやかな音響をともなって、神像の周囲を右まわりに巡ることによって、つとめて供養するべきである。多くの供物を供養した後

図5　神像への供養（プージャー）を行う巡礼者たち（奥）と，ホーマの儀礼を行うバラモンたち（手前）（プネー，チャトゥシュリンギー寺院）

で、バラモンたちや参会者たちをもてなし金の小片を与えた後で、［神像を再び］台座に戻して安置すべきである。神像を設置する人、占星術師、バラモン、参会者、堂の建築士などを特にもてなした後では、［祭主は、］この世では諸々の利益に与《あずか》る者となり、あの世では天界に住む者となる。

（同第五九章一四―一八）

当時の人々はこのようにして、神像をまつり、礼拝したのである。そして、右の文章に続いて、次のようなたいへん興味深い記述がある。

ヴィシュヌ神像にはバーガヴァタ派の者たちがいることが知られている。太陽神像にはマガ派の者たちが。シヴァ神像には身体に灰を塗ったバラモンたちが。母神像たち（マートリたち）にはマンダラにおける順序配置を知る者たちが。ブラフマー神像にはバラモンたちが。一切衆生を利益し平静な者（ブッダ）には仏教徒たちが。［ジャイナ教の］ジナ像たちには裸形の者たちが［知られている］。その神に帰依しているその者たちによって、その神に対する祭式が、それに固有の規定によってなされるべきである。

（同第五九章一九）

ここで「帰依している」と訳した語は「〜を頼りにする、〜に寄りかかる」を意味する。ここには確かに、神像を前にして神頼みしている信者たちの姿を思い浮かべることができるだろう。しかも、信者たちが礼拝している神像は、その信仰に応じてそれぞれに異なっている。ヒンドゥー教のヴィシュヌ神やシヴァ神と並んで、ブッダやジナが挙げられているのも興味深い。ちなみに、『ブリハット・サンヒター』の作者であるヴァラーハミヒラは、太陽神を崇拝するマガ派の信者であったと言われている。天文学者にふさわしいと言えるだろう。

イスラームから見たプージャー

しかし、このようにまつる神は違っていてもそこでの作法はほとんど同じである。今日、インドの各地の寺院で見ることのできるプージャーの儀式も、この『ブリハット・サンヒター』に描かれた六世紀はじめの様子とほとんど変わらない。神像を沐浴させ、布ぎれで着飾らせ、花や香を供えて供養し、合掌礼拝するという一連の行為に違いはない。ということは、歴史のいずれかの段階で、その様式が整えられたということを意味している。

そのような様式化されたプージャーの中で、今日「一六の行作からなるプージャー」と呼ばれているものが最も一般的なものとして伝わっている。寺院の門前にある小さな屋台でも、一般的なプージャーの手引き書が売られているが、そこで紹介されているのも多くの場合「一六の行作からなるプージャー」である。このプージャーの詳細を伝える最も古い文献と言われるのが、おもしろいことに、ムガル朝第三代皇帝アクバルに仕えた宰相アブル・ファズル(一五五一—一六〇二)が著した『アクバル会典(アーイーニ・アクバリー)』である。

偶像崇拝を認めないとされるイスラーム教徒の眼から見たヒンドゥー教の神像礼拝が、そこには記述されているから、大変興味深いものである。すこし長いがその箇所を見ておくことにしよう。「イーシュヴァラ・プージャー」(神のプージャー)という表題が与えられている。

この者たち(ヒンドゥー教徒)の信じるところによれば、最高神は全能という着物の裾を汚すことなく物質要素からできた姿をとることができる。それゆえ、この者たちはこの最高存在を表すために、まず金やその他の物質でできた様々な偶像を作る。そして心をこのような物質的な崇拝から徐々に引き離しながら、瞑想の内で、かの神秘の実在の大海に没入した者となる。一、六の行作が、この目的へと導く。ホーマの儀礼を執行し、サンディヤーの勤行(夜明け、正午、日没という三つの時間帯にガーヤトリーマントラ等を唱える礼拝)を行ったあとで、(一)礼拝者は、東あるいは北に向かって坐り、神への礼拝の開始を祈念して少量の米粒と水をとって[偶像に]ふりかける。次に、カラシャ・プージャー、すなわち水差し(カラシャ)による礼拝がなされる。儀礼に必要な水差しの水が特別なやり方で聖別される。次に、彼(祭官)は、シャンカ・プージャーを行う。そこでは、偶像に注がれる水で満たされた白い法螺貝(シャンカ)が聖別される。続いてガンター・プージャーが行われる。そこでは、鉦(ガンター)に白檀の塗香が塗られ聖別される。これらが終わったときに、彼(祭官)は、神が顕現することを願う意図をもって少量の米をふりかける。一六の行作の最初は以上のようなものである。

(二)祈願者の願い事が受け入れられますようにという祈願がなされる。金属製の座あるいは他の物質で作られた座が、神のための座として置かれる。(アーサナ)

(三)彼(神)が来る時にその両足を洗うようにと器の中に彼(祭官)は水を注ぎ込む。これは、賓客が家に入ってきた時に、賓客の両足を洗うというその国の習慣である。(パーディヤ)

(四)彼(祭官)は、水を三度地面に投じる。口をすすぐことを表している。これもまたこの国の慣習で、食事の時間の前に賓客に対して提供される奉仕であり、より上品な階層において見

られる。(アーチャマナ)
(五) 白檀、花、キンマ、米の四種が水に投げ入れられ、提供される。(アルギヤ)
(六) 偶像はその座とともに持ち上げられ、別の場所に運ばれる。右手で白い法螺貝を持ち、左手で鉦が鳴らされて、水が偶像に注がれて沐浴がなされる。(スナーナ)
(七) それから偶像は布で拭かれて乾かされ、座に置かれて、できるだけ豪華な衣服で着飾られる。(ヴァストラ)
(八) それから、聖なるヒモが偶像に付けられる。(ウパヴィータ)
(九) 宗派のしるし(ティラカ)が、次に、白檀の塗香で一二カ所に付けられる。(ガンダ)
(一〇) 花々や葉っぱが偶像の上にばらまかれる。(プシュパ)
(一一) 香で偶像が焚かれる。(ドゥーパ)
(一二) 灯火がギー(溶かした精製バター)で灯される。(ディーパ)
(一三) 次に、能力に応じて、偶像の前のテーブルに食べ物が置かれる。それらは偶像の残り物として人々に対して配られる。(ナーイヴェーディヤ)
(一四) 祈願者のポーズである合掌礼拝(ナマスカーラ)。祈願者は、何度も神の名を心と口で唱えて讃える。全身を棒のように五体投地《ごたいとうち》する。この五体投地は「棒のように」と言われている。祈願者は、そのように五体投地して身体の八カ所を地面に着ける。二つの膝、二つの手、額、鼻、右と左の頬。これは、「シャーシュターンガ」と呼ばれる。多くの人が、この二つの礼拝の形を高貴な人の前で行う。

（一五）偶像のまわりを何度も回る。（プラダクシナー）

（一六）偶像の前に奴隷のように立ち、そして立ち去る。（ウドゥヴァーサナ）

これらの儀礼のそれぞれにおいて、願い事が繰り返し唱えられ、個別の行作が行われる。ある者たちは、これらの儀礼のうち七番目から一三番目までのどれか五つだけが必ず行われなければならないと考えているが、他の者たちはさらに別のものもしなければならないと考えている。奉仕階級の者と出家苦行者を別にして、他のすべての者たちは、このような礼拝を、日に三度（朝・昼・夕）行っている。

（*The Ain i Akbari*. Vol. 3, pp. 301–303）

『アクバル会典』はペルシア語で書かれており、その第四部でインドの文化事情について各種の事柄が述べられている。いまここでの私の訳は、一九四八年に「インド叢書（Bibliotheca Indica）」の一冊として王立アジア協会（ベンガル）から復刊（初版は一八九三―九六年）されたH・S・ジャレットの英訳をもとにしたものである。英訳には当然、その当時の、つまり一九世紀末から二〇世紀にかけてのヒンドゥー教の実態がいくらかは反映されているだろうし、各行作に対するサンスクリットの補いなどは、英訳に協力したインド人の知識に基づいたものであろう。したがって一六世紀半ばに行われていたプージャーが、まったくこのままであったとは言えないかもしれないが、おおよその実像はここに伝えられていると考えてよいだろう（なお、「サンディヤー」の注は私が付けたものである）。

キリスト教宣教師の見たプージャー

『アクバル会典』の記述で注目されるのは、一六の行作からなるプージャーに先立ってなされる準備的なプージャーについても述べられていることである。儀礼に用いる祭式道具類を浄化し、聖別するためになされるそれらの予備的な儀礼は、寺院で行われる現在のプージャーにおいても実際に見られる。また、足を洗ったり、口をすすいだりする行作が、賓客歓待の習慣として見られるものであることをすでに指摘していることにも注目しておこう。

しかし、賓客歓待の儀礼としてプージャーを見たのはイスラーム教徒だけではなかった。一九世紀初頭に南インドのマイソールで宣教活動を行ったフランス人神父J・A・デュボア（一七六五―一八四八）は、プージャーについて次のような報告を残している。

ヒンドゥー教のすべての儀礼の中で、公私を問わず、寺院でも他の場所でもその祭式においてこの者たちが最も頻繁に行うのがプージャーである。バラモンは誰でも、絶対に少なくとも日に一度は、家庭の神々に対してプージャーをささげなければならない。プージャーには、大中小の三種がある。

大のプージャーは次のような部分から構成されている。

(一)アーヴァーハナ。神の勧請。

(二)アーサナ。神に座が与えられる。

(三)スヴァーガタ(歓待)。神は、無事に到着したかどうか、また途中事故に遭わなかったかどうかと問われる。

(四)パーディヤ。両足を洗うための水が神に与えられる。

(五)アルギヤ。花々とサフランの粉や白檀の粉が入れられた水が神に与えられる。

(六)アーチャマニーヤ。神が、口や顔を定められたやり方で洗うように水が与えられる。

(七)マドゥパルカ。蜜、砂糖、牛乳で作られた飲み物が金属の器で与えられる。

(八)スナーナ・ジャラ。沐浴のための水が与えられる。

(九)ブーシャナ・アーバラナ。着物と宝飾品が与えられる。

(一〇)ガンダ。白檀の粉が与えられる。

(一一)アクシャタ。サフランで色づけされた籾が与えられる。

(一二)プシュパ。花々が与えられる。

(一三) ドゥーパ。香が与えられる。
(一四) ディーパ。灯明が与えられる。
(一五) ナーイヴェーディヤ。この最後の供物は、調理された米、果実、ギー、砂糖などの食物とキンマの葉から構成されている。これらの供物が供えられる前に、それらに指先で注意深く少量の水がふりかけられる。
(一六) それから信者たちは、神の前にひれ伏す(礼拝する)。
中のプージャーの場合は、後の九種の供物(七—一五)が供えられる。小のプージャーは、最後の六種の供物(一〇—一五)だけである。
悪い神々や悪鬼などを鎮めるために血の供犠が必要な場合には、犠牲とされた動物の血や肉がそれらに与えられる。

(*Hindu Manners, Customs and Ceremonies*, 3rd ed., pp. 147–148. 1906)

このように神に対する礼拝における各行作、特に(一)から(七)が、異教徒の目には賓客をもてなす慣習的行為と同じに見えたことは、そのコメントからも明らかであろう。もっとも、今でも、インドで、ヒンドゥー教徒や仏教徒、ジャイナ教徒の間で交わされる普通の挨拶は、合掌し、お辞儀をして、「ナマステー」と言うものである。「こんにちは」と言っているに等しいが、意味としては「あなた様に合掌礼拝」である。「テー」に代えて「ナモーアミターバーヤ」と言えば、「アミターバさん、こんにちは」であり、つまりは「南無阿弥陀仏」に他ならない。各行作において、祭官は必ず神様の名前を唱えて合掌礼拝する。このように見てくると、プージャーの形はわれわれの日常の信仰の形とかなり近いものであることがわかるであろう。

プージャーとヤジュニャ

ここで、先の『アクバル会典』に戻ってみたい。先の引用箇所に続けて、宰相アブル・ファズルは、「神に対する崇拝の形には六種ある」と言って、次の六つを挙げている。(一)心の中で、(二)太陽を神崇拝の手段とする、(三)火を霊的な回想の目的にかなうように使う、(四)水の前で崇拝する、(五)崇拝の場所として地面の一地点を浄化する、(六)偶像を祈りを表象するものとする。そして、「この者たちはまた神に到達した人々(聖者)の像を造り、それへの自分たちの畏敬の念を救済の手段として説明する」と言っている。

宗教的に寛容な政策をとったとして知られているアクバル帝の宰相であり、当時の最高の知識人であったアブル・ファズルらしく、「ヒンドゥー教徒は、偶像を崇拝する」などという単純な批判はしていない。(一)の「心の中で」とは、神との直接的な交わりを「心の中で」念想するということであって、イスラームの神崇拝を念頭においた説明であろう。(二)〜(五)は、太陽、火、水、地という自然界の要素を媒介・手段として神を崇拝するということを言うもので、祭式儀礼を構成する各行作の説明である。

そして(六)では、偶像を、「神」の表象ではなく、「祈り」の表象であると説明することによって、神像に対する礼拝であるプージャーを偶像崇拝に位置づけることを避けている点に注目すべきである。というのも、アブル・ファズルは、ここで神に対する崇拝行為のうちの第一としてこのプージャーを挙げた後で、その次に第二として「ヤジュニャ、すなわち祭式」、第三として「ダーナ、すなわち喜捨」、第四として「シュラーッダ、すなわち祖先祭祀」を挙げて説明しているからである。

ここで、プージャーがヤジュニャとの対比においてとらえられているということに注意しよう。「ヤジュニャ」とは、ヴェーダの祭式を指す語である。アブル・ファズルはそれを、「これによって神々からの好意が獲得され、そのことが神からの加護(お蔭)を得る手段となる」と説明しているが、これは、ヴェーダの祭式の要点を端的に言い当てている。すでに述べたようにヴェーダの祭式は、神々との直接的な交流を通じて、現実生活における果報を得ることを目的として実行される。ヴェーダの祭式の主体はあくまでそれを執り行うバラモンであり、神々はその操作の対象であって、礼拝の対象ではなかった。その祭式のあり方は、プージャーと比較して、現世利益的であり、呪術的である。このようなヴェーダの祭式の特徴について、少しここで見ておこう。

「祭式」あるいは「供犠」(英語でsacrifice)と訳されるもとのサンスクリット「ヤジュニャ(yajña)」は、動詞「ヤッジュ」(yaj-「祭式を行う」)から派生した名詞である。この語の意味について、二〇世紀を代表するフランスの印欧比較言語学者であるエミール・バンヴェニストは次のように言っている。「ヴェーダ語でyaj-は、本来「供犠を捧げる」を指すが、神の名を対格で、供犠物を具格で伴なうという構造自体がつとに示しているように、この動詞はまず神をたたえること、神の恩恵を請い願うこと、奉献によって神の力に感謝することを意味する」(バンヴェニスト『インド=ヨーロッパ諸制度語彙集II　王権・法・宗教』二一四頁)。

「神の名を対格で、供犠物を具格で伴なう」構造とは、「〜を〜によってyaj-する」という文構造をとるということである。この構造をとって「神をたたえること」を、yaj-は意味するというのである。これは、先に見た、「〜を〜によってpūj-する」(先述の例では、「〜は〜によってpūj-される」と受動態であった)と同じ構造である。そして、すでに見たように、pūj-もまた、「神を礼拝すること、神に供物を捧げること(奉献すること)」と意味していた。つまり、ヤジュニャもプージャーも、神に対する崇拝行為を表す点では同じである(そこに神像が置かれているかどうかという大きな違いはあるが)。

このことから、プージャーによって代表されるヒンドゥー教の宗教観念と、ヤジュニャによって代表されるヴェーダの宗教観念との間には連続性があり、ヴェーダとヒンドゥー教とは一体的なものとして理解しうるという立場(ビアルドー『ヒンドゥー教』など)が主張されることもある。しかし私はここで、先のアブル・ファズルに従って、プージャーとヤジュニャを対比的にとらえて理解しておきたい。では、なぜ対比的なものとしてとらえうるのか。

その答えの一つとして、印欧比較言語学の立場から「供犠」という概念を取り上げたバンヴェニストが、「供犠を行う」という意味を表すサンスクリットとして、他の印欧諸語とともに、yaj- および hav-(hu-)(先に見た「ホーマ」の例)を取り上げているのに、pūj- についてはひとことの言及もないということをあげたい。実は、「プージュ」や「プージャー」という語は、印欧語起源の語ではないとみなされているのである(ただし、pūj- という動詞の用例は『リグ・ヴェーダ』にもある)。

少し込みいった話になったが、つまり「ヤッジュ」と「プージュ」は、動詞として、たとえ表す観念が同じように見えても、言葉の成り立ちはちがっている。ヴェーダの祭式を指す「ヤジュニャ」という語は、そのままインドの宗教儀礼全般に共通して当てはまるような観念を表す語ではあり得ないということを、このことは意味している。

使う神から出会う神へ

では、「プージャー」と「ヤジュニャ」は同じように神に対する崇拝行為を表すのに、具体的には何が異なっているのか。それを知るために、「ヤジュニャ」という語の用例を『マヌ法典』の内に見てみよう。

動物はスヴァヤンブー（創造神）自らによって供犠のために創造された。供犠はこのいっさいの繁栄のために［創造された］。それゆえに、**供犠における殺害は殺害ではない**。マドゥパルカ（賓客歓待）、供犠、祖霊および神々への祭儀――これらの場合においてのみ**動物を殺してよい**、他の場合はならず、とマヌは言った。

（『マヌ法典』五・三九、四一。渡瀬信之訳。（ ）内の補いと太字は筆者）

ここで「供犠」と訳されているのが「ヤジュニャ」である。『マヌ法典』のこの規定を見てわかるように、「ヤジュニャ」は犠牲獣を供物として捧げる祭式をもっぱら指す。

では、ヴェーダの祭式の形はどのようなものであったか。先に見たように、プージャーと呼ばれる儀礼の特徴は神像に対して供物を供えるということであった。それは裏返せば、ヴェーダの祭式においては、神像はなかったし、それを安置する寺院もなかったということである。ヴェーダの祭式を執行する際には、そのたびに供犠に適した空間が選ばれ、そこが儀礼によって浄められ、神の座としてクシャ草を敷きつめた場所が設けられた。その場所が、バラモンに祭式の執行を依頼した

図6　サプタシュリンギー女神へのプージャー．ムンバイから来た商人夫人が礼拝している（マハーラーシュトラ州ナーシク）

祭主の家の中であることももちろんあった。

祭火壇に火が点火され、ギーが献じられ、犠牲獣が準備された。それから、バラモンが神に祈願を行う。神が供物を食べに来るようにと。その供物の見返りに戦勝や繁栄、子孫や家畜、あるいは長寿など現世における利益を与えてくれるようにという目的をもって、そして何よりも死後の「生天」（天界に生まれること）を願って神に祈願したのである。焼かれる犠牲獣の匂いとバラモンが唱えるマントラの力によって、神は天界からその場所にやって来る。そして、祭場の中の座に着く。神は遠来の賓客である。プージャーにおいて見られた賓客歓待の儀礼は、この点では確かにヴェーダの祭式に由来する要素をもつものであった。

寺院で行われるプージャーのなかに、神像を迎える（勧請する）行作が最初にあり、最後には送り出す行作がある場合があるのはその名残りである。しかし、神像が寺院に安置され、そこに常に神が居る状態になれば、もはや賓客歓待に由来する行作は意味がなくなり、その行作が省略されたり、別の意味を与えられたりするようになっていった。神がやって来るのではなく、寺院に常に居ることになったとき、今度は、信者が寺院に出向き、神に直接出会って礼拝することになった。

ともあれ、ヴェーダの祭式においては、神が祭式の現場に到着し、祭場においてその効力を示す必要がある。そのように神をうながし、神の現前を実現する力をもつと考えられたのがバラモンであった。アーリヤ人の共同体においてバラモンが一千年以上の長期にわたって社会の支配階級として影響力を持ち続けたのは、彼らに、祭式の場においてそのように神に命じて意のままに動かす力があると考えられたからに他ならない。

したがって、これを信者の側から言えば、バラモンの力を信じて見えない神からの功徳を期待している間はともかく、バラモンの権威がなくなってしまえば、目には見えないヴェーダの神と神像として目に直接見える神のとの違いは甚だ大きかったであろう。命じられてやって来る神と会いに行かなければ目通りがかなわない神とでは、それがもつ権威も大きく異なって感じられたはずである。プージャーは、ヤジュニャと同様に神に対する崇拝行為ではあるが、神に向かう信者の心情は、全く異なったものに変貌したのである。

第3講

死後の観念

生天と解脱

ガートでの沐浴，火葬もここで行われる(ダシャーシュヴァメーダガート．ヴァーラーナシーのガンジス川西岸)

「天界に生まれること」と「解脱すること」

前講では、インドの人たちの宗教実践としての「礼拝(プージャー)」と「祭式(ヤジュニャ)」を対比的に示すことで、ヒンドゥー教の礼拝の形を明らかにした。本講では、インド人の来世観を特徴づけている「生天」と「解脱」という観念を取り上げたい。

「生天」と「解脱」は、ともに現在の生存における宗教的な実践の後に実現されるものとして、インド人が考えた死後の状態である。一般的に言えば、ヴェーダの祭式(ヤジュニャ)によって実現されるのが「生天」(天界に生まれること)であり、人間の基本的な生存状態である「輪廻」(生まれ変わり死に変わりすること)からの解放が「解脱」である。

しかし、「天界に生まれる」と言っても、実際にはそれが意味するところは様々である。天上にある神々の世界に生まれて神々と一緒に暮らすとイメージされることもあれば、純粋な魂の状態となってブラフマンの世界に入ると考えられることもあり、その魂(アートマン)が最高存在であるブラフマンと一体化すると言われることもある。大乗仏教のように、極楽浄土に生まれるというのも、ある意味では「生天」であろう。

「解脱」も同様である。サンスクリットの原語である「モークシャ」は、「離す、解放する」を意味する「ムッチュ」(muc-)という動詞から派生した名詞であり、「～から解放されること」を意味する。すなわち、何らかの束縛・制限から自由になることを意味している。どんな束縛かと言えば、人間存在の束縛、つまり「輪廻」である。輪廻とは、仏教的に言えば、前世からの「業(カルマ)」の定めに従って、車輪が回転するように様々な境涯を生まれ変わり死に変わりして行くことである。極楽や地獄、餓鬼や畜生の世界を転生すると言われる。天上の世界と地上の世界を行き来すると考えられる場合もある。たとえ天界に生まれて幸福を得たとしても、いずれ別の境涯(地上や、あるいは地獄)に生まれ変わるのであれば、生きることの苦悩が終わるわけではない。そのような「苦」から解放されること、それが「解脱」だと考えられた。

仏教では、そのような状態を「涅槃」(「寂静」「寂滅」)とも言っている。あるいは、ジャイナ教であれば、一切の業を滅した純粋で平静な魂の状態としてそれを考えた。あるいはまた、人間存在が単に物質的な五つの元素の状態に分解した状態と考えられたこともあれば、サーンキヤ派の二元論のように、本源に帰滅した「精神原理(プルシャ)」が「物質原理(プラクリティ)」と平衡状態に達して独立自存(独存)した状態になることと考えることもある。

「生天」と「解脱」と言っても、これらの観念の起源と展開を歴史的に追おうとすれば、そしてそれらの観念を原理的に支えている業や輪廻という概念(教理)の形成過程を、ヴェーダやウパニシャッドから様々な宗派・学派における教理や哲学に至る展開までを踏まえて論じようとすれば、それだけで優に一冊の本が出来上がるだろう。その一端は、拙著『インド哲学10講』の第5講「因果論と業論」でも触れたところである。したがってここでは、「生天」と「解脱」を、死後に実現される状態として、インド人にとっての「人生の目的」ととらえ、この世においてその目的に向けてインド人がどのような宗教的実践を行ったかという観点から、論じることにする。

「生天」か「解脱」か

ところで、「天界に生まれることを望む者は、祭式を行うべきである(svargakāmo yajeta)」という言葉に、サンスクリットの文献で出会うことがある。しかし、長い間各種の文献を読んできたが、「解脱を望む者は、祭式を行うべきである(mumukṣur yajeta)」という言葉を見かけたことはない。祭式と解脱は相性が悪くて、どうやら互いを否定する関係にあるらしい。つまり、ヴェーダの祭式を実行すれば、天界に生まれることはできても、解脱はできない。しかし、祭式を司る伝統的なバラモンはそもそも解脱など望んでいない。天界に生まれると信じている。一方、解脱を望む人たちは天界に生まれたいなどと思っていない。天界に生まれても、いずれはまた死んで別の境涯に生まれ変わるのであり、結局は輪廻から逃れられないと知っているからである。「生天」を人生の目的とするか、「解脱」を人生の目的とするかとでは、価値観が異なるのである。

「生天」か「解脱」かをめぐってはおもしろい話がある。それは、道元の『日本国越前永平寺知事清規《しんぎ》』（岩波文庫『道元禅師清規』所収）に出てくる。この『知事清規』は、道元が、寺の管理にあたる役職（知事）についた僧たちにその心構えを説いたものである。

ある時、ブッダがいまだ天界を見たことがないという異母弟ナンダを天界に連れて行って、男女が歓楽に耽る様子を見聞きさせた。そこに未婚の天女がいた。聞くと、「ブッダの弟のナンダ様が、戒を守って修行され、この天界に生まれて、きっと私の夫となりましょう」と言う。ブッダはナンダに尋ねた。「お前の妻のスンダリーと比べてどうだ」と。「天女をスンダリーと比べるのは、スンダリーを雌猿と比べるようなものです」とナンダは言う。そこでブッダは、「禁欲の修行（梵行）に励めばこのような利益もあるだろう。お前はいまこの時にしっかり修行すれば、後にはこの天界に生まれるだろう」と言った。ナンダは天界に行きたい一心で懸命に禁欲して修行に励んだ。

ところが、ブッダは修行僧たちに告げた。「ナンダとは付き合うな」と。すべての修行僧はナンダから離れていった。「アーナンダは私の弟だから、この私を嫌うことはないだろう」と思って、ナンダはアーナンダのところに行って横に座った。しかし、アーナンダも立ち去ろうとする。「弟よ、なぜ兄を捨てるのか」。アーナンダは言った。「はい。あなたの行いは私のとは違うのです。どうぞご勝手に」。「それはどういう意味か」。「あなたは生天（天界に生まれること）を願い、私は寂滅（解脱し涅槃に入ること）を願っているのです（仁楽生天、我楽寂滅）」と。

（岩波文庫、一二〇―一二二頁。筆者による抄訳）

ナンダの話

ブッダの異母弟で、その美貌で名をはせたナンダ（難陀）は、ブッダによって無理矢理出家させられる。妻スンダリーへの思いを断ちがたく、悶々としている彼の気持ちを変えようと、天界にいる天女の姿を見せ、一生懸命修行をすればあの天女と一緒に暮らせるようになると、ブッダはナンダをそそのかした。そこでナンダは、妻を忘れその気になって修行に打ち込むようになったというのが右の話である。しかし、この「生天」のための修行を仲間の僧たちは誰一人認めない。頼みの弟アーナンダ（阿難）も、動機が不純だと兄を見捨てた気配である。

道元が語る話の続きによれば、天界に生まれてもその後で地獄に堕ちて苦しみを受けると知ったナンダは、「天界に生まれることを願って禁欲の修行を行えば、このような罪過を受けるのだ」と、ブッダから諭されて発心し、解脱のための修行に励み、ついには阿羅漢（修行者としての最高位）に達したということになっている。道元がナンダの話を持ち出したのは、ブッダ在世時の知事であり、ブッダの諭しによって欲望を断ち、修道に励み、ついには仏果を得たナンダを話題にして、知事たる者の心得を説くためであっただろう。

このナンダの話は仏伝中に語られたものであり、日本でも鎌倉時代にはよく知られていた。道元自身はこの話の冒頭で、「胎蔵経に云く」として、『大宝積経《だいほうしゃくきょう》』(大正蔵第一一冊第五六巻)に収められている義浄《ぎじょう》訳「仏説入胎蔵会《ぶっせつにゅうたいぞうえ》」を出典としてあげており、そこには、「仁楽生天而修梵行、我求円寂而除欲染」(あなたは生天を願って梵行を修し、私は解脱を求めて欲望を消し去る)という「生天」と「解脱」(円寂)を対句で語る一文も見えるが、道元の「仁楽生天、我楽寂滅」は、禅者の言葉らしくより一層簡潔で、印象深いものがある。

ナンダの話自体は、古くは最初期のパーリ語の仏典である『ウダーナ』(三・二)や、漢訳仏典でも『仏本行集経《ぶつほんぎょうじっきょう》』(大正蔵第三冊第五七巻「難陀因縁品」)に、またこれに題材を得たと思われる本邦の説話集である『今昔物語《こんじゃくものがたり》』や『沙石集《しゃせきしゅう》』にも出てくる。そして、これらの話のおおもとになったと思われるのが、一〇〇年頃北西インドのクシャーナ朝カニシカ王の治世下に活躍した仏教詩人である馬鳴《めみょう》(アシュヴァゴーシャ)の作である『サウンダラ・ナンダ』という詩作品である。その末尾において馬鳴は自らの作品の制作意図を述べて、「詩の形式を借りて、解脱こそが最高のものであるという真理を私は語った」と宣言している。

しかし、ナンダの話を語るこれらの作品がもっぱらナンダを「解脱」に導くブッダの方便に注目しているのに対して、道元の話は、「生天」をもたらす修行(梵行)と「解脱」に導く修行との対立を語る点で、目立っておもしろい。「梵行」というのは、禁欲の修行であり、仏教の修行においても言われるが、ヴェーダを学ぶバラモン学生が守るべき独身禁欲の行（ブラフマチャリヤ）を指す語でもあり、道元はこう表現することで、バラモンの修行が「生天」を目的とすることを言っているようにも思える。そのように考えれば、この話は、まさしく、「生天」を目的とするヴェーダの宗教（バラモン教）を選ぶのか、「解脱」を目的とする仏教を選ぶのかという、二者択一を迫る宗教的な問いを含んだものであったということもできるだろう。

活動的行為と静止的行為

もちろん以上の話は仏教に題材をとったものであるから、「生天」か「解脱」かという問いが、バラモン教との宗教間の対立を示す問いとなり、その結果として、ヴェーダの祭式によって実現される「天界に生まれること」を否定するのは、仏教の立場からすれば当たり前であるということになろう。しかし、「解脱すること」、つまり輪廻という生存状態から解放されることは、仏教だけでなく、ヴェーダの伝統を引き継いだはずのヒンドゥー教にとっても、いつの頃からか最終の目的となっていく。つまり、「天界に生まれること」と「解脱すること」は、ヒンドゥー教にとっても、二つの並立する価値となっていくのである。そこで、この点をヒンドゥー教の歴史的な展開の中で見ることにしよう。

馬鳴が活躍した二世紀頃に、「天界に生まれること」と「解脱すること」とが、バラモン教の伝統の中でどのように考えられていたかを見てみたい。二世紀には現行本のように完成していたと思われる『マヌ法典』には、次のような記述がある。

ヴェーダにおいて説かれる行為は二種ある。幸福を増進させる活動的行為（プラヴリッタ）と究極の至福をもたらす静止的行為（ニヴリッタ）とである。この世あるいはあの世における願望の成就を願っての行為は活動的行為と言われる。一方、知識に基づく願望を伴わない行為は静止的行為と説かれる。活動的行為に専心する者は神々と等しくなる。静止的行為に専心する者はまさしく五物質要素を超越する。

（『マヌ法典』一二・八八―九〇。渡瀬信之訳）

表1　行為の二つの類型（『マヌ法典』）

	活動的行為（プラヴリッタ）	静止的行為（ニヴリッタ）
目的	幸福の増進（アビウダヤ）	究極の至福（ニヒシュレーヤサ）
特徴	この世あるいはあの世における願望の成就を願ってのもの	知識に基づく願望を伴わないもの
結果	神々と等しくなる＝生天	五物質要素を超越する＝解脱
基本概念	プラヴリッティ pravṛtti	ニヴリッティ nivṛtti

人間の行為に、「活動的行為」と「静止的行為」という二つの類型を立てて、両者を対比的にしかも極めて簡潔明瞭に定義して示すこの叙述には、マックス・ウェーバーの「目的合理的行為」と「価値合理的行為」の対比を思わせるものがあるが、まずこれを表にして見てみよう。『マヌ法典』が、人間の行為をこのように対比的に示すことができたということは、す

でにこの時代には、こうした理解が通念として成立していたということを示している。実際、以下に見るように、同じ時期に成立してきた『マハーバーラタ』においても同様のことが対比的に語られているのだが、ここではこの『マヌ法典』の叙述について説明を加えることで、それぞれの観念の背景にある事柄を確認しておくことにしたい。

アビウダヤとニヒシュレーヤサ

まず「幸福の増進」を目的とする行為と「究極の至福」を目的とする行為の対比であるが、人間の行為をこのように分類する背景には、アビウダヤ(上昇、増大)とニヒシュレーヤサ(至福)という人生の目的に関する二つの伝統的な概念がある。

ヴェーダの人生観は楽天的であったと言われる。人は生きている間に繰り返し祭式や布施といった行為を行えば、その結果として死後には天界に生まれ、そこで自分がなした行為の結果(果報)を享受すると考えられていた。アビウダヤは、そのような、天界において身体を獲得した状態と不幸が消滅した状態を指すもので、もともとは死後についてのヴェーダ的な観念である。そしてこれは、われわれの目下の言葉で言えば、「生天」に他ならない。

これに対して、ニヒシュレーヤサは、ウパニシャッド的な死後の観念に関わるものである。それは何よりも身体を離れてしか実現しない状態であり、個体性・個別性をもたない純粋な魂(アートマン)がブラフマンと一体化した状態である。つまり「解脱」である。ウパニシャッドはヴェーダの伝統の中から生まれてきたものであるが、アートマン(魂、自己)についての哲学を極度に発展させた点においては、ヴェーダの思想とは明らかに異なっていたのである。

このように見れば、「活動的行為」と「静止的行為」によって示される対比は、ヴェーダ的思想とウパニシャッド的思想の対比であるとも言えそうである。そのことは、二つの行為のそれぞれの特徴として挙げられた、「この世あるいはあの世における願望の成就を願っての行為」と「知識に基づく願望を伴わない行為」の対比について特に言うことができる。前者は、言ってみれば日常的な行為である。人々が日々の生活の中で繁栄を願って繰り返し行ういとなみであり、典型的にはヴェーダに規定された祭式行為である。後者の行為との対比で言えば、それは「知識に基づかない行為」、アートマンについての知識を欠いた、単に果報を求めるだけの日常行為ということになる。

他方の「知識に基づく行為」で「願望を伴わない行為」とは、それではどのようなものか。当然、「知識に基づく」とは、究極にはアートマンとブラフマンの同一(梵我《ぼんが》一如《いちにょ》)という秘儀的な知識に基づく行為であり、「願望を伴わない」純粋な行為ということになる。それはまさにウパニシャッド的な思想であろう。

一般的に祭式を意味するサンスクリットとして、「クリヤー(kriyā)」があるが、この語は行為一般をも意味する。サンスクリットの文献においては、「行為」一般を論じるときでも、そこで意図されているのは祭式行為であることが多い。したがって、「知識に基づく行為」、「願望を伴わない行為」は、非日常的で非世俗的な場での祭式行為であると言える。そこではもはや形式的、儀礼的な祭式は必要とされておらず、内面化された祭式、象徴的で精神的な祭式行為が要求される。それがつまりは「苦行」と言われるものに他ならない。

このような「活動的行為」と「静止的行為」の二つの行為の結果として実現されるのが、かたや「神々と等しくなる」ことであり、かたや「五物質要素を超越する」ことである。前者は、「生天」に等しい観念である。後者は、サンスクリットでは「五物質要素に帰る」と死の状態を表現するから、死の状態を超越した「解脱」を意味すると考えられる。ここでもやはり、前者はヴェーダ的であり、後者はウパニシャッド的であると言えよう。

動と静

ところで、右の『マヌ法典』に出てくるプラヴリッタ(活動的行為)とニヴリッタ(静止的行為)の観念の背景には、アビウダヤとニヒシュレーヤサとは別に、もうひとつの重要な対の概念が存在している。

「プラヴリッタ(pravṛtta)」は、**pra-vṛt-** という動詞の過去受動分詞形であり、「ニヴリッタ(nivṛtta)」は、**ni-vṛt-** という動詞の過去受動分詞形である。もうおわかりのように、ともに「ヴリット」vṛt-(転ずる、進む)という動詞に接頭辞がついた動詞で、「プラ」pra-が付くと、「前に」という方向を表して「前進すること」「取りかかること」を意味し、他方、「ニ」ni-が付くと、「停止すること」「止めること」を意味することになる。そして、その過去受動分詞形が形容詞として「行為」を限定して、それぞれ「前に進められた(行為)」、「停止された(行為)」という意味になることから、前者に対しては「活動的行為」、後者に対しては「静止的行為」という訳語が、『マヌ法典』の訳者である渡瀬信之によって与えられたのであった。

これらは、「動」と「静」の対比を示す点でよく選ばれた訳語である。というのも、それぞれの動詞からの派生名詞として、プラヴリッティ(pravṛtti)とニヴリッティ(nivṛtti)があるが、この二つの概念が、まさに「動」と「静」の対比的な意味をもつ語であり、人間の行為を分類するための原理的な概念として、しばしばサンスクリットの文献の中に現れてくるからである。「動」と「静」、「動的なこと」と「静的なこと」という、この二つの原理に基づいて人間の行為を対比的に示した最初期の文献が、先の『マヌ法典』であった。四世紀までには成立していたと考えられる『マハーバーラタ』にも、この二つの原理をもとにしたダルマ(人間の行動規範)についての次のような物語が見られる。

『マハーバーラタ』における二つの観念

［シヴァが妻のウマー（パールヴァティー）に二種のダルマ（実践原理）について語る。］プラヴリッティ（動的なこと）を特徴とするダルマは、家長たちに対して命じられる。生きとし生けるものすべてに利益をもたらすこのめでたいものについて、私は語ることにしよう。繁栄を望むものは、祭式の布施は何度でも可能な限り与えなければならない。祭式は何度でも行わなければならない。繁栄のための儀礼をしなければならない。人は努力して最高のダルマを実践しなければならない。ダルマによって実利を集めなければならない。ダルマによって得られた財産には三通り［の使い方が］ある。繁栄を望むものは、その財産の三分の一によってダルマ（社会的役割遂行）に役立つことを実践すべきである。別の三分の一によってカーマ（個人的自己養成）に役立つことを実行すべきである。残りの三分の一は殖財すべきである（アルタ）。一方、ニヴリッティ（静的なこと）を特徴とする別のダルマは、解脱（モークシャ）であると知られている。それのあり方を私は話そう。妻よ、私からしっかりと聞きなさい。解脱したいと望む者たちについては、生きとし生けるものすべてに対する慈悲心（憐愍）というダルマが称賛されている。また、同じ村には泊まらないというダルマ、欲望という束縛からの解放というダルマが称賛されている。［修行者として自分が持っている］水壺に対しても、水に対しても、衣に対しても、座具に対しても、三条の杖に対しても、床臥具に対しても、火に対しても、避難所

に対しても、執着しないこと[が称賛されている]。木の根元を寝床とし、空き家に寝泊まりし、河の中州に泊まり、河の岸辺で夜を明かす者[が称賛されている]。

再生族(ドヴィジャ)は、一切の愛着をもたず、すべての執着の束縛を免れている。再生族は、自分自身の本性を他ならぬアートマン(=ブラフマン)に一体化させて遊行する。不動の者となり、断食を行い、解脱と認められる行為(儀式)を伴い、精神集中した者(宗教的修行者)として遊行する者、その者のダルマは永遠不変のダルマである。同じ場所に長く留まることのない者、同じ場所ばかり遊行することのない者、同じ河の中州ばかりを住居とすることがない者、その者は、実に、解脱した修行者として遊行する。このようなダルマが解脱を知る者たちのダルマである。正しい者たちの正しい道であるとヴェーダに言われている。このような道を行く者の足跡はどこにも残らない。

彼らのような修行者(ビクシュ、比丘)には四種類がある。クティーチャラ(初級「隠居修行者」)、クリトーダカ(中級「水行修行者」)、ハンサ(上級「雁級修行者」)、パラマハンサ(最上級「超雁級修行者」)で、後の者が前の者より優れている。後にも先にもパラマハンサより優れた者はおらず孤高の存在である。パラマハンサは、快もなく、苦もなく、冷静に、老いることもなく、死ぬこともなく、変化することもなしに存在している。

(『マハーバーラタ』一三・一二九・一六―二八)

表2　動的と静的の対比(『マハーバーラタ』)

	プラヴリッティ(動的なこと)	ニヴリッティ(静的なこと)
様態	家長(在家)	修行者(出家)
目的	繁栄・富・幸福	解脱(モークシャ)
達成手段	繰り返し行う祭式	一所不住・無執着
日常行為	殖財	精神集中・瞑想・知識
実践目的	ダルマ・アルタ・カーマ	モークシャ
実践	日常的行為	遊行・断食・精神集中
居住環境	村落(人の住む場所)	荒地(人の住まない場所)

この『マハーバーラタ』における二つの観念についても、先の『マヌ法典』と同様にまずは表にしてみる。すると、ここでの主題は、家長たちの行動規範を特徴づけるプラヴリッティ(動的なこと)に関連する事柄と、一所不住の修行者たちの行動規範の特徴であるニヴリッティ(静的なこと)に関わる事柄とを対比的に述べることだとわかるであろう。

在家と出家

ここでもやはり示されているのは、ヴェーダ的な祭式行為とウパニシャッド的な行為との対比であると言ってもよさそうであるが、それが特に家長の行為と修行者の行為の対比として明確に語られていることに注意したい。先の『マヌ法典』では、二つの行為は、結果である来世との結びつきの中で語られていたが、ここでは、現世におけるあり方として語られている。つまり、日常的・世間的なあり方としての「在家」と、非日常的・出世間的なあり方としての

「出家」の対比である。

したがって、行為の目的についても、『マヌ法典』では来世における幸福としての「生天」の側面が強かったアビウダヤという観念が、ここでは富や繁栄といった地上での幸福の側面が強くなっている。日常的に行われる祭式行為も「この世における願望の成就を願う」側面が強くなっている。

そして、それぞれの活動の場所も、在家である家長の場合は、その原語「グリハスタ」(「家(グリハ)に住む者(スタ)」)がよく示すように、活動場所は家の周辺、つまり村落(グラーマ、人の住む場所)であるのに対して、出家である修行者は、一所不住で、寝泊まりする場所も木の根元や河岸、つまり「荒地」(アランヤ、人の住まない場所)と呼びうる場所である。

先に、「ヴェーダ的」と「ウパニシャッド的」として対比的に見た「動」と「静」が、「家長」と「修行者」、「村落」と「荒地」、つまりは、「在家」と「出家」という対比としてここでは現れていることを見て取ることができる。

しかし、右の『マハーバーラタ』の論述を読んできて、奇妙なことに気がつく。その叙述の途中に、「再生族(ドヴィジャ)は、一切の愛着をもたず、すべての執着の束縛を免れている。再生族は、自分自身の本性を他ならぬアートマン(=ブラフマン)に一体化させて遊行する」と言われ、それがそのまま、修行者の話へと文脈的につながっていることである。

「再生族」とは、子供としての成長段階を経て入門式(ウパナヤナ)を終えて、ヴェーダの価値観が支配する世界への参入が許された者を通常は指している。いわばヴェーダ的社会人として二度目の誕生(再生)を授けられた者のことである。入門式を終えたクシャトリヤとヴァイシャに対しても「再生族(ドヴィジャ)」という名称が使われることがあるが、特にバラモンを指すことが多い。

しかし、このことからも明らかなように、「再生族」としてのバラモンは、社会的に見ればどう考えても伝統的な制度内の存在、つまり在家であり、まさにヴェーダ的存在であって、社会制度を超脱した出家として扱うことはできないように思える。それがなぜ、修行者(出家)として語られているのだろうか。

ウパニシャッドにおける二つの観念

そこで、バラモンは在家者なのか、それとも出家者なのかという問題を、歴史を遡って、前六世紀頃に成立したウパニシャッドにおける記述を取り上げてここで考えてみたい。それは、『チャーンドーギヤ・ウパニシャッド』第五章第一〇節で語られる話で、いまだかつてバラモンには伝わったことがなく、王族だけが知る秘密の教えとして説かれたとされるものである。いわゆる「二道説」で、これが輪廻説がまとまった形でインドの文献に現れる最初のものだとされている。

さて、かように知るもの、そして、荒地にあって「苦行が信[である]」として[これらを]信奉するものたち、彼らは［火葬に付せられたときに葬火の］炎へと転化する。炎から昼へ、昼から月満ちる半月へ、月満ちる半月から太陽が北行する六か月へ、［太陽北行の六か］月から一年へ、一年から太陽へ、太陽から月へ、月から稲妻へと［彼らは順次に移行する］。そこにこの世の人間ではない神人［＝プルシャ］が居て、彼がこれらのものたちをブラフマン［＝宇宙の最高存在・万有の源泉である究極の原理］へと到達させる。これが「神々へ行く道」である。

いっぽう、住地にあって「祭式と善行の果報と布施の果報［とが信である］」として［これらを］信奉するものたち、彼らは［火葬に付せられたときに葬火の］煙に転化する。煙から夜へ、夜から後の半月［＝月が欠けてゆく半月］へ、後の半月から太陽が南行する六か月へと［彼らは順次に移行する］。このものたちは［先の場合と違って］一年へは到達しない。［太陽南行の六か］月から祖霊の世界へ、祖霊の世界から［天地の間の］空へ、空から月へと［彼らは順次に移行する］。こ［の月］はソーマ王、そして神々の食物。すなわち、そ［の月］を神々は食べる。彼らは、［神々の食べた］残りがある間は［＝欠けてゆく月が新月になるまでは］そ［の月］に滞在して、そののちに先に来たと同じ道程を戻ってゆく。［すなわち、］空へ、空から風へと。風となったあとに煙となる。煙となって霧となる。霧となって雲となる。雲となって雨と降る。彼らは地上において米・大麦・草・木・胡麻・豆［などの植物の姿］として生まれる。まことに、こ［の転生］から出外することは難しい。［この植物を］食物としてだれかが食べて、［食物が変容した］

表3　死後の二つの道(『チャーンドーギヤ・ウパニシャッド』)

	住地(村，家)に住む者	荒地(森)に住む者
信の形	祭式と善行の果報と布施の果報を信奉する者	苦行を信奉する者
火葬の後	火葬の煙へと転化する	火葬の炎へと転化する
たどる道	煙→夜→月が欠けていく半月→太陽南行の六か月→祖霊の世界→空→月→空→風→煙→霧→雲→雨→地上の植物→食物→精子→人間(祖霊への道)	炎→昼→月満ちる半月→太陽北行の六か月→一年→太陽→月→稲妻→神人→ブラフマンの世界(神々への道)
最終地点	地上の人間界(循環)	ブラフマンの世界(終極)

精子を［女性の胎内に］注ぎこむたびごとに、［植物に転生したものはこの世に人間として］ふたたび生まれるのである。

（『チャーンドーギヤ・ウパニシャッド』五・一〇・一―六。井狩彌介訳）

これまでと同様に表にして見てみよう。ここには、死後、火葬に付された人間がたどる二つの道が明らかにされている。ともに月が関門となっているが、月を通過してその先のブラフマンの世界に到達するか、月から再び地上へと戻るかの二つの道である。煙となって上昇し、祖霊の世界から天空を通過し、月を経て、再び天空を通過して、雲や雨となって地上に回帰する道程は、自然界における水の循環から連想されたもののようで、これが輪廻の観念の原型だとされている。

ここに見る、「住地に住む者」＝祭式を行う者と「荒地に住む者」＝苦行を行う者という対比は、先に見た『マヌ法典』が語る「活動的行為」と「静止的行為」の対比や、『マハーバーラタ』が示す「動」と「静」の二つの概念による対比の原型を示すものであるように思われる。ここでもまた語られているのは、在家者と出家者の対比である。ヴェーダの祭式伝統を村落(家)において実践する者たちと、荒地において秘儀的なウパニシャッドの知識を重視し苦行を行う者たちの対比は、このようにまさしくウパニシャッドにおいてすでに見られていたものであった。

そして、死後にたどる二つの道とその到達点を比べて見れば、「ブラフマンの世界」へと到達することができる苦行者の方が、地上の人間界に再生する者よりも価値があると考えられていることは明らかである。ウパニシャッドは従来のヴェーダの伝統から生まれてきた哲学的思考であるから、ここで語られる両者がともにバラモンであることに変わりはない。言ってみれば、「在家のバラモン」と「出家のバラモン」を対比したうえで、後者をより優れた存在と見ていたということになる。

「生天」のゆくえ

ところが『マヌ法典』に代表される「ダルマ・シャーストラ」と呼ばれる文献が成立してくる時代になれば、ウパニシャッドに見られたこのような出家苦行者としてのバラモンの存在は、ヴェーダの伝統をもとに社会制度化された人生モデルである「四住期(アーシュラマ)」(学生期→家長期→林住期→遊行期)の内に取り込まれてしまう。このことは、渡瀬信之の著書『マヌ法典――ヒンドゥー教世界の原型』が明解に語る通りである。「『マヌ法典』に記述される林住と遍歴は、家長を引退した後いかにして死を迎えるかという、いわば老後の生き方としての性格を滲ませている。それらは正統ブラフマニズムと対立した禁欲・苦行の世界ではもはやない。『マヌ法典』は禁欲・苦行主義との対立を巧みに利用して、結局はそれをすりかえ、正統世界に生きる者たちの人生の晩年の生き方として取り込み、人生モデルを作り上げていた」(四七頁、一部改変)のである。

しかし、苦行が社会制度化されたということは、そうでもして苦行という行為を既成のバラモンの社会の中に取り込まなければ、祭式行為に価値をおいたヴェーダの伝統を維持できなくなっていたということである。それほどまでに、苦行は価値の高いものと見られていたのである。

これまで見てきた三つの表を見比べればわかるように、苦行は常に高く評価されている。そしてそれと見比べればわかるように、「生天」の位置は、ウパニシャッドにおいては、「ブラフマンの世界への到達」として高い位置を与えられているが、『マハーバーラタ』では、その位置に「解脱」が来ている。また、『マヌ法典』では、苦行については明確に言われていないが、「活動的行為」である祭式が「生天」と結びつくから、「静止的行為」である苦行は「解脱」に結びつくと考えられていたに違いない。

先に見た「二道説」における輪廻の観念は、仏教において人間存在の苦悩そのものとしてとらえられることになる輪廻の観念に比べれば、随分とプリミティヴである。しかし、いったん天界に行っても再び地上に戻ってくるという「回帰」の観念は、天界（ブラフマンの世界）に生まれて永遠の幸福を享受するというヴェーダの「生天」観を危うくするのに十分であっただろう。それゆえ、インド人の宗教観の展開の中では、「生天」は次善の目的となり、それは単なる世俗的な祭式行為と結びつけられ、「解脱」が最高善となって、非日常的な苦行こそがそれに至る道として重要視されることになるのである。「解脱」に至る道としての苦行の価値はこの後も高まるばかりで、われわれの目から見れば過激と言ってよいほどの極端な方向へと進んでいくことになる。それを次講において見ることにしよう。

第4講

現世拒否の宗教

苦行と棄世

ヒンドゥー教最大の祭，クンバメーラー(アッラーハーバード)

苦行を重んじる宗教

インドにおいては、苦行に価値を見いだす傾向が、古くウパニシャッドの時代からあったということを、前講において見た。ヒンドゥー教を、呪術的なヴェーダの祭式と対比してとらえ、それを「現世拒否の宗教」としたのはマックス・ウェーバー（『宗教社会学論集』「中間考察――宗教的現世拒否の段階と方向に関する理論」）であるが、そのような「現世拒否の宗教」としてのヒンドゥー教の特徴を最もよく表しているのが、「宗教的禁欲生活」としての苦行に他ならない。そこで、本講では、苦行に焦点をあてて検討することにしよう。

前講において、苦行が社会制度化されて、バラモンの世界に取り込まれたのが、四住期（アーシュラマ）の制度であると言った。それは、人生を、学生期、家長期、林住期、遊行期という四つの段階に区別し、家長として社会の一員としての義務を果たした後に、いわば老後の生き方として、森に行き「林住期」を過ごし、その後に遍歴者として「遊行期」を過ごして人生を終えるというものであった。そこでは、「苦行」、あるいは「禁欲」はもはや象徴的な意味しか持っていないようにも思える。前講において、『マハーバーラタ』の中で四種類の修行者への言及があり、そこに、「クティーチャラ」（初級）、「クリトーダカ」（中級）という呼称が出ていたが、前者は、息子に家督を譲った隠居の身の修行者であり、後者は、「水の行」つまり沐浴をもっぱら行う修行者のことであるから、彼らの苦行は日常生活の延長線上にしかなく、まさに象徴的なものでしかないと言ってよいであろう。

しかしながら、この四住期の最初に置かれている「学生期」には注意する必要がある。「学生」とあるから、若者が学習を行う期間と思われるかもしれないが、実はこれは禁欲を貫かなければならない期間である。入門式を経た後、師のもとに弟子入りした者は、学生としてヴェーダの学習に励み、感官を制御して禁欲し、誓戒を守って乞食生活を行い、師に仕えなければならない。この時期もまた、バラモン社会の中で確かに制度化されたものではあるが、その内実は本来的な意味での苦行生活と変わることはないと言える。

同じように苦行の制度化と言っても、林住期や遊行期が現世順応の禁欲だとすれば、学生期における禁欲は現世拒否の宗教的な行為そのものである。このような学生期を人生の最初の段階として制度化していることは、バラモンの世界においても、苦行がどれほどまでに重要なものと見られていたかを明確に表しているといえるだろう。しかも、通常であれば、この学生期を終えた者は、家に戻り家長となって社会的な義務を果たすことが求められるのだが、『マヌ法典』などでは、望むならばこの学生期を終生続けることを許す次のような規定まである。

しかしもし生涯を師の家に住もうと欲するときは、肉体を脱するまで心を集中して彼の近くに仕えるべし。肉体が終息するまで師に奉仕するバラモンは、［死後］直ちにブラフマンの永遠の住処に向かう。

（『マヌ法典』二・二四三―二四四。渡瀬信之訳、一部改変）

このように、古代インドのバラモンの世界において、苦行は社会制度化されていたとは言っても、苦行が本来もっている非日常的で脱社会的な側面、現世拒否の特徴は決して消されることなく、常に宗教的に価値あるものとしてあり続けていたのである。そして、苦行を価値あるものとみなし、苦行者を敬うそのような態度は、現代においても見ることができる。そこで次に、少し現代に目を向けてみることにしよう。

クンバメーラー

現代のインドにおいて、苦行者は「サードゥ」（善き男）と呼ばれている。稀に女性もおり、「サードゥヴィー」（善き女）と呼ばれる。彼ら、彼女らは、みな「聖者」である。乞食の生活をしているが、町中で見ることはめったにない。現代インドには五〇〇万人程度のサードゥがいると言われているが、多くの者たちは、通常は社会の周辺部で暮らしている。聖なる河の岸辺や人の住んでいない山岳地帯（荒地）、あるいは火葬場のような普通は人が近づかない場所などで一人で暮らしている。

頭を剃っている者もおれば、髪を伸び放題にした者もおり、グルグルと頭に髷を結っている者もいる。全裸に近い者が多いが、黄色の布をまとっている者もいる。身体全体に灰を塗っている者もいる。

サードゥたちが、そのような修行生活をおくっているのは、生きながらの解脱を得るためだとされている。数多くの宗派に分かれてそれぞれの活動を行っているが、それらの宗派はより大きなヒンドゥーの伝統であるシヴァ教やヴィシュヌ教につらなっている。苦行者とはいえ、ヴェーダの伝統との距離のとり方は様々で、大きな宗派を形成して伝統的にも中心的な位置を占めている者もいれば、日常の生活と祭式に対して極端に否定的な態度をとって火葬場で死体とともに生活する者たちもいる。

そのようなサードゥたちがインド各地から集まってくる祭がある。クンバメーラーである。クンバメーラーはヒンドゥー教最大の祭として有名である。インドの四つの聖地、アッラーハーバード、ウッジャイン、ハリドワール、ナーシクで行われる。そのうち最も大規模なのは、アッラーハーバードで一二年ごとに行われる祭であるが、半分の六年目にも少し規模の小さい祭が行われる。ちょうど昨年(二〇一九年)も、アッラーハーバードでその小規模の祭が行われた。その時の様子は、ネット上でも見ることができる。

その祭の間、サードゥたちや巡礼者たちが、沐浴するためにガンジス川まで行進する。裸の行者であるナーガ・サードゥたちが、体中に灰を塗りつけて、先頭に立って行進し、行列を率いている。後ろに続くのは、他の宗派に属する苦行者たち、そして、列の最後には一般のヒンドゥー教徒たちが続いている。二〇一三年にアッラーハーバードであった前回の大クンバメーラーでは、初日の一月一四日に八〇〇万の人出があり、五五日間の祭の期間中にやって来て沐浴した人の数は、推定でなんと一億人を超えていたと言われている。

大勢の群衆の中には、白馬に乗った裸の苦行者や、象の背中に置かれた輿に坐った教主の姿も見える。まわりではマーチングバンドのような楽団が騒がしく楽器を鳴らしたりもしている。しかし、そのようなひしめき合って行進する群衆の様子を高見の見物よろしく見ることができるのは、実際には映像を通してのことであり、現場では、沐浴をしようと河岸に向かって大騒ぎしながら歩いている人々に巻き込まれて、何が何だかわからないことになる。世界一平和な宗教集会と言われたりもするが、異様、狂騒、醜悪、過剰、過激……といった印象から逃れることは難しい。その集団に巻き込まれることは、異教の者にとっては恐怖でさえある。そして、このような苦行者の「異常」とも言える姿は、二〇〇〇年以上も前から見られたものであった。

苦行者の姿

ブッダの言葉を伝えるとされる初期仏典のひとつ『ダンマパダ』には、当時の苦行者たちの姿が

図 7　(上)異形の苦行者(サードゥ). 裸で, 髷を結い, 身体には灰を塗っている. クンバメーラーでは最初に沐浴する特権をもつ. (左)マリーゴールドの花輪を懸け, 黄色の衣を着たサードゥ

次のように描かれている。

裸かの行も、髷《まげ》に結うのも、身が泥にまみれるのも、断食も、露地に臥すのも、塵や泥を身に塗るのも、蹲《うずくま》って動かないのも、――疑いを離れていない人を浄めることはできない。

（一四一。中村元訳『真理のことば・感興のことば』）

ブッダは苦行に否定的であったが、彼のまわりにはこのような苦行者たちが数多くいた。その姿は、今日のクンバメーラーの祭の時に、ガンジス川の岸辺で見るサードゥたちの姿とまったく変わりのないものであっただろう。ブッダは続けて次のように言っている。

身の装いはどうあろうとも、行ない静かに、心おさまり、身をととのえて、慎みぶかく、行ない正しく、生きとし生けるものに対して暴力を用いない人こそ、〈バラモン〉とも、〈道の人〉とも、また〈托鉢遍歴僧〉ともいうべきである。

（一四二。同）

ここで、中村元《なかむらはじめ》によって〈道の人〉と訳されたもとの語は、パーリ語で samaṇa「サマナ」、サンスクリットで śramaṇa「シュラマナ」、すなわち「沙門」である。尋常でない苦労をする人を意味し、まさに「苦行者」を指している。一方、〈托鉢遍歴僧〉と訳されているのは、パーリ語で bhikkhu「ビク」、サンスクリットで bhikṣu「ビクシュ」である。「比丘」と漢訳されて、仏教の乞食修行僧を指す。しかしまたこの語は、先に触れた四住期の中の第四期の遊行期において出家し乞食の生活をおくるバラモンを指して使われる語でもあって、「棄世者」(サンニヤーシン、saṃnyāsin)や「遊行者」(パリヴラージャカ、parivrājaka)もその同義語である。つまり社会制度化された「苦行者」である。これは、すでに述べたように伝統的なバラモンの立場から苦行者を体制内に取り込もうとしたことを表している。そして仏教の側からのそれに反対する言説が、右のようなブッダの言葉として表れたのだと言えるだろう。

異形の苦行者たちを、ブッダは本物の宗教的修行者とは認めたくなかったのであろうが、ブッダの意に反して、こうしたサードゥたちは、今日でもやはり人々からの尊敬と崇拝を受けているように思える。そして、そのような苦行者たちを目の当たりにすると、われわれもまた、この世のものならざる姿に驚異の感覚を覚える。この世のものならざる姿とは、すなわち現世拒否の姿である。

右に、「比丘」の同義語として、「棄世者(サンニヤーシン)」という語を挙げたが、これは、サンニーアス(saṃ-ny-as-「放棄する」)という動詞から派生した名詞である。何を捨てるのかと言えば、「世を捨てる」のである。この世的なもの、つまり世俗的な生き方を捨てて苦行者となった者を意味している。

それにしてもなぜ、宗教的な意識が現世を否定するという方向で現れてくるのであろうか。ウェーバーが明らかにしたように、この現世を否定する考え方は、仏教やジャイナ教だけでなくウパニシャッドにも見られる当時のインドの宗教全般に当てはまる特徴であった。

世俗を棄てるのが「真のバラモン」

そこで、この問題を考えるために、ここでは『ブリハッド・アーラニヤカ・ウパニシャッド』の一節を見ることにしたい。「万物に内在するアートマン」について問われた哲人ヤージュニャヴァルキヤが、次のように答えている。

[万物に内在するアートマン=ブラフマンは、]飢えと渇き、憂い、迷い、老齢、死を超越するものである。実に、このアートマン(=ブラフマン)を知って、バラモンたちは、息子を得たいという願望、財産を得たいという願望、[天上の]世界を得たいという願望を捨て去って、乞食の遊行生活をするのである。

(三・五・一。服部正明訳参照)

「万物に内在するアートマン=ブラフマン」という最高原理について思想を展開したのがウパニシャッドの哲学であり、その根源的一者をめぐる思考がインド哲学における存在論の歴史であったことは、拙著『インド哲学10講』で述べたとおりである。右のヤージュニャヴァルキヤの言葉は、そのようなウパニシャッドの哲学を生み出した哲学者の実践のありさまを語っている。

この『ブリハッド・アーラニヤカ・ウパニシャッド』第三章第五節は、右の一文を含む一〇行程度の文章で構成された短い節であるが、内容は極めて意味深い。主題は、「何によって人は真のバラモンとなるのか」である。その答えは、「そのままでそうなる」である。なんだか禅問答みたいであるが、「学者をやめて愚者となり、愚者をやめて牟尼(ムニ、沈黙の苦行者)となる。牟尼であることも牟尼でないこともやめたとき、その者は真のバラモンとなる」と、本当に禅問答みたいなことを、ヤージュニャヴァルキヤは言っている。そのこころは、一切の世俗のしがらみを断ち切って、ブラフマンと合一したバラモンこそが真のバラモンであるということである。

ヤージュニャヴァルキヤが実在の人物(前七—六世紀)であったとして、彼よりも一〇〇年ほど後に、ブッダが生まれるが、ブッダもまた「真のバラモン」について語っている。ブッダの教えを集めたとされる『スッタニパータ』や『ダンマパダ』、それに『ウダーナヴァルガ』では、「かれをわれわれは〈バラモン〉と呼ぶ」と何度も繰り返されている。なかでも、「無一物であって執着のない人、——かれをわれは〈バラモン〉と呼ぶ」は、三つの経典のいずれにも出てくる文句で(中村元訳、『ブッダのことば』六二〇、『真理のことば』三九六、『感興のことば』第三三章一五)、この世における執着を捨てることによって「真のバラモン」となることが言われている。

ジャイナ教における最古の経典のひとつである『ウッタラッジャーヤー』にも、同様の言葉を見いだすことができる。『ウッタラッジャーヤー』第二五章(「真の祭式」の章と名づけられている)が語るのは、「ヴェーダのバラモンとジャイナの苦行者とどちらが真のバラモンか」をテーマとする話である。バラモンによって、「お前に与える布施はない。どこか他の場所で乞食をしろ」と追い返されたジャイナの修行僧ジャヤゴーサは、腹を立てた様子もなく、人々に「真のバラモン」について説いている。「欲望をもたず、生きることに執着せず、家をもたず、無一物で、家長たちと交わりを結ぶことのない者、その者をわれわれはバラモンと呼ぶ」と。先ほどの仏典と同様の言葉がここでも繰り返されていることがわかる。

祭式はアダルマ(不法)

この世的なものに対する欲望・執着の否定は、ヴェーダの祭式の否定としても現れてくる。右のジャイナ教の話では、ジャイナ教の修行者ジャヤゴーサは、先ほどの言葉に続けて、「犠牲獣を柱に繋ぐこと、すべてのヴェーダ祭式、供犠を行うこと、それらは、罪過を作り出すものである。だから、[それらの実行によって、]罪深いそれらのことを常に行っている者が救われることは決してない。なぜなら、その者が行った業(カルマ)は強力であるから」と言っている。ジャイナ教においては、「業」(カルマ、行為の結果)を完全に消滅させない限り解脱はないと考えられている。バラモンは祭式を行っている限り、常に罪過を作り出しているのであり、業が消滅することはないから、祭式の実践者たちは決して解脱はしないということを言っているのである。

同様の言説は、『スッタニパータ』(「第二、チューラヴァッガ」の「七、ブラーフマナ・ダンミカ・スッタ」)にも見られる。こちらはもっと過激である。あるときブッダは、大富豪であるバラモンたちから、昔のバラモンたちの生き方について問われる。ブッダは語り始める。

> 昔の仙人たちは自己をつつしむ苦行者であった。かれらは五種の欲望の対象をすてて、自己の[真実の]理想を行った。バラモンたちには家畜もなかったし、黄金もなかったし、穀物もなかった。しかしかれらはヴェーダ読誦を財宝ともなし、穀物ともなし、ブラフマンを倉として守っていた。豊かに栄えていた地方や国々の人々は、種々に美しく染めた衣服や臥床や住居をささげて、バラモンたちに敬礼した。
>
> (二八四—二八五、二八七。中村元訳『ブッダのことば』)

大昔が理想の時代であり、世界も人間も完全であった。そこから、世界は崩れ始め人間は堕落し、不完全なものとなって行く。不完全が極まったときに、終末が訪れ、世界は破滅し、そして再び新たな時間が始まる、というのがインド人の歴史観である。だから、昔に理想を置くのはよく見られることである。その理想の昔においてバラモンは「苦行者」であったとブッダは語ったというわけである。「かれらは、祭祀を行うときにも、決して牛を殺さなかった」(二九五)とも言われている。
そのバラモンたちが堕落し始める。理由は、「王者の栄華と化粧盛装した女人」(二九九)を見た結果、「人間の享楽を得たいと熱望した」(三〇一)からである。バラモンたちは、「ヴェーダの呪文を編纂して」(三〇二)、王に言う。「あなたは財宝も穀物も豊かである。祭祀を行いなさい。あなたの富は多い。祭祀を行いなさい。あなたの財産は多い」(三〇二)と。こうして、財を得たバラモンたちは、それを蓄積したいと思い、さらに祭式を行うこと王に勧める。それは、牛を用具とする、つまりは犠牲にする祭式であった。

牛は、脚を以ても、角を以ても、何によっても決して「他のものを」害《そこな》うことがなくて、羊に等しく柔和で、瓶《かめ》をみたすほど乳を搾らせてくれる。しかるに王は、角をとらえて、刃《やいば》を以てこれを屠らせた。刃が牛に落ちるや、そのとき神々と祖霊と帝釈天と阿修羅と羅刹たちは、「不法なことだ!」と叫んだ。(三〇九―三一〇。同)

牛を犠牲にして祭式が執行されたとき、神々はみなそれを「アダルマ(不法)」だと言ったというのである。「アダルマ」(パーリ語では「アダンマ」)は、「ダルマ(dharma)」に否定の接頭辞 a- がついた語である。「ダルマ」は、「社会的・儀礼的・道徳的な規範」を意味する。バラモンを中心とするインド世界における、それはいわば金科玉条である。そして、それの否定が「アダルマ」である。祭式には犠牲が伴う。祭式はヴェーダの世界を支える原理的な儀礼であり、それを執行するのがバラモンである。ブッダは、バラモンにとっては「ダルマ」であるその祭式を、「アダルマ」だと断じたのであった。

犠牲をともなう祭式には常になんらかの罪悪感がともなっていた。第2講において、「供犠における殺害は殺害ではない」(『マヌ法典』五・三九)という言葉を見ているが、これを裏返せば、供犠が殺害であり、殺害がアダルマであることをバラモンの側でもわかっていたということになるだろう。祭式が宗教的な行事として何か聖性を帯びて見られるときには許されるものではあったのだろうが、それが非道で残酷なものに見えたとき、それは「不法」となり、拒絶されることになった。

とは言え、祭式における犠牲獣の殺害は、ヴェーダの祭式においてだけではなく、ヒンドゥー教の儀礼(特に女神信仰や民間信仰)においてもしばしば見られたものであった。祭式における犠牲獣の殺害が、インドの各州の条例(Animals and Birds Sacrifice Prohibition Act)で実際に禁止されることになるのは、一九五〇年代以降のことである。つまり、犠牲をともなう祭式もまた日常にあるものであった。そして、それゆえに、犠牲をともなう祭式の否定は、そのまま現世否定の宗教実践としての価値をもつものであったと言えるだろう。

子と父の対話

それにしても、ヴェーダ祭式への拒否感はいったいなぜ生まれてきたのだろうか。殺害行為による血に対する恐怖感や罪悪感というようなものがあったであろうことは、先に見た話から容易に想像がつくが、その拒否感が、「死」の観念と関係しているのではないかということを、以下で考えてみたい。そこで、『マハーバーラタ』の中のエピソードを読むことにする。少し長いが、この問題を考える上で重要なものを含んでいるので丁寧に読んでおきたい。

『マハーバーラタ』第一二巻「モークシャダルマ章」の第一六九節は「子と父の対話」として有名な箇所である。パーンダヴァ五王子の長兄ユディシュティラから、「生きとし生けるものすべてを滅亡へと運びさるこの時間(死神)なるものが跋扈しているときには、いったい何を善として理解すべきか」と問われた大叔父ビーシュマは、昔から語り継がれてきた「子と父の対話」という伝説を話し始める。

息子の名はメーダーヴィン(「智恵ある者」)。その息子が、ヴェーダを学習することに熱心なバラモンの父親に尋ねた。「人間たちの寿命はすぐさま失われてしまうのだから、父よ、私は自分の義務をどのような順序で行えばよいのか」と。父は答えた。

> 息子よ。身を清らかに保って四つのヴェーダを学び、父祖たちの浄化のために息子たちの誕生

を望め。祭火を設置して、ヴェーダの規定の通りに祭式(ヤジュニャ)を執行した者となれ。そしてその後で、森に入って、苦行者(ムニ)になろうとすべきである。

(『マハーバーラタ』一二・一六九・六)

父が答えたのは、先に見た通り『マヌ法典』に規定されたような、学生期→家長期→林住期→遊行期という制度化された「人生モデル」を遵守して生きることであった。バラモンにとっての通俗道徳である。これに対して息子は言い放つ。

世界がこのように打ちのめされているときに、四方八方から完全に包囲されているときに、止むことなく襲いかかってくるこのときに、いったいどうしてあなたは、賢者のごとくに悟り済まして話しておられるのか。

(同一二・一六九・七)

いつの世でも若者の言葉は手厳しい。「私たちは絶滅の淵にいるのに、あなた方が話すのは金のことと永遠の経済成長というおとぎ話だけ。よくもまあ」(グレタ・トゥンベリ、二〇一九年九月二三日、国連気候行動サミットにおける演説)というわけである。父は驚きを隠せない。

いったいどのように世界は打ちのめされているというのか。何によって包囲されているというのか。いったい何がいまこの世界で止むことなく襲いかかっているというのか。お前は、この私をまるで脅しにかかっているかのようだ。

（同一二・一六九・八）

この父親の反応も、現今の一般の反応とよく似ている気がする。子が身をもって感じている危機感、「死」に対する切迫感は尋常ではないのである。息子は言った。

死

（一）世界は、死によって打ちのめされています。老いによって包囲されています。毎夜毎夜が間断なく過ぎ去って行きます。いったいどうしてあなたはそれがわからないのですか。死はとどまることなく人を追い立てるものであるということを私が知ったからには、迷妄の網に覆われて人が行動するのをいったいどうして何もせずに見ていることができましょうか。夜が次々過ぎ去れば、寿命はどんどん短くなります。そんな日々のなかに、浅瀬に追われた魚と同様、いったい誰が安心を見いだせましょう。まさにそれゆえに、一日もまた空しいと、賢者たる者は知らなければなりません。望みのものをまだ手に入れていないのに、死は人に近づきます。あたかもメスの狼が子羊を獲物にして去って行くように、死は、芽吹いたばかりの若草を追い求めて心ここにあらずと有頂天になっている者を捕まえて、連れ去って行きます。今日というこの日にこそ、あなたはなすべき善きことをなされませ。［無為に時を過ごして、］時間に先を越されるようなことをしてはなりません。なすべきことをなし終わっていなくても、死は実に人をこの世から引きずり出します。明日することを今日にすべきです。午後にすることを午前中にすべきです。なぜなら、死は、この者はなすべきことをなし終えたとか、まだなし終えていないとかと忖度してくれることはないからです。今日、死が来るのは、某々のためだということを、いったい誰が知っているでしょう。……

（二）成果達成の喜びばかり追い求めている者を、死は自分の支配下に置きます。「なしたはずの行為の結果（果報）を私はまだ得ていない」と、諸々の行為の結果ばかりに執着する者を、土地や商売や家屋のことばかり考えている者を、死はとらえて連れて行くのです。

（三）死と老そして病、そして様々な原因から来る苦、これらが身体には付着して離れない。そんなときに［父よ］あなたはどうして健全なふりをして生きておられるのか。死と老は、人が生まれたときから最後のときまで、身体をもつものについてまわります。これら［この世の］植物も動物も、［死と老の］二つによってつきまとわれています。村（住地）に住む者の喜び、それこそが死の棲家です。聖典が言うように、森（荒地）、これこそが神々の集うところです。村に住む者の喜びは人を束縛する綱です。善き行いの人たちはこの綱を断ち切って森に行きます。

悪しき行いの人たちはこの綱を切りません。生命や財産を奪いとるような諸々の行為によって、生あるものたちを害することがない者は束縛されることはありません。

（同一二・一六九・九―一五）

真実による死の克服

ここでもまた「村」（住地）と「森」（荒地）の対比が現れている。それはつまり、世俗と非世俗の対比であり、在家と出家の対比であることはすでに前講で見た通りである。右の陳述を段落ごとに見ていくと、（一）では、いつ死が訪れるかわからないから無為に時を過ごしてはならないという観念と、この世にある限り人は死に追い立てられているという観念の二つが入り混じっていることが見られる。（二）では、日々の現実の中で世俗の生活に明け暮れている者が死にとらえられるということが言われている。そして、（三）では、死と老と病は生に本来的についてまわるものであると言われている。つまり、いずれにせよこの世に生きている限り、死からは逃れられないということである。ではどうすればよいのか。いかにすれば「死」を克服できるのか。「村」（世俗）のしがらみを断ち切って「森」に行けばよいというのが右に見た答えではあるが、より具体的で実践的な方法についての息子の話は次のように続く。

真実（サティヤ）は決して捨ててはならぬものです。真実なしには、進軍してくる死の軍隊を、誰も決して撃退することはできません。実に、真実にこそ不死は依拠しているのです。それゆえ、真実の誓戒を実行し、真実のヨーガを最高の帰依所とし、真実にのみ喜びを見いだす、一切を平等に見て、感官を抑制した人、そのような人こそが真実によって死を打ち負かすでありましょう。不死も死もともに同じ身体の内に存在しています。人は迷妄から死に遭遇し、真実によって不死に遭遇するのです。ですから、私は、実に生きとし生けるものを傷つけることなく、真実を求め、欲望も怒りも遠ざけ、苦に対しても楽に対しても等しく無関心で、心が平安であるようにします。だから、あたかも不死の者であるかのように死を離れているのです。

（同一二・一六九・二六―二九）

ここでは、「真実（サティヤ）」ということが繰り返し言われている。「真実」はインド的な概念の中で最も重要なものである。この語が意味するところは、「永遠の実在」であり、「永遠の真理」である。「真実を語ること」であり、「実現すること」である。つまり、内的な認識と外的な存在が完全に一致した状態におけるもの・ことのあり方を言う。そして、それは最高実在であるブラフマン＝アートマンを指す語でもある。たとえば、次のように言われている。

さて、かように知るもの、そして、荒地にあって、「真実が信である」として信奉するものたち、この者たちは炎へと転化する。

（『ブリハッド・アーラニヤカ・ウパニシャッド』六・二・一五）

どこかで見たことがある言葉である。そう、われわれは前講において、『チャーンドーギヤ・ウパニシャッド』の言葉としてこれを見た。ただし、そこでは「苦行が信である」となっていたのが、ここでは「真実」に置き換わっている。しかし、おそらくこの二つの語は同じ意義をもつものとして理解されていたはずである。つまり、炎となって「解脱」（＝ブラフマンの世界）に至る方法として、「真実」を信奉すること、常に真実に心を集中して念想することが言われているのである。それはまた苦行でもある。そして、『マハーバーラタ』の右の一節においては、死を克服し不死に到達する方法として、同じことが言われているのである。また、次のようなことを息子は言う。

象徴的な祭式による死の克服

［私は、］喜んで平和の祭式を行い、諸感官を抑制し、ブラフマンを念想する祭式に修行者（ムニ）としてあずかります。言葉による行為と心による行為と身体による行為（身・口・意の働き）によって祭式を行います。そのような私は北行する太陽の道に生まれるでしょう。そんな

私がどうして家畜を犠牲獣とする諸々の祭式によって供犠を行うことができましょう。あるいはどうして［私のような平和を好む］賢者が、まるで血を好む悪鬼のごとくに、和戦両様のクシャトリア（武人たち）の祭式によって供犠を行うことができましょう。

（『マハーバーラタ』一二・一六九・三〇―三一）

「祭式（ヤジュニャ）」とは、火をまつり、犠牲獣を供物として神に捧げるヴェーダの祭式を指す語であったことは、ここまでに繰り返し触れた通りである。その祭式によって天界という目的のものを人は獲得するのであった。しかし、ここで、「平和の祭式」、あるいは「ブラフマンを念想する祭式」、あるいはまた「身・口・意の働きによる祭式」と言われているものは、ヴェーダの祭式ではない。後半で犠牲獣を伴った祭式が否定されていることからも、そのことは明らかである。死を克服し解脱を獲得する方法として、ここで言われている「祭式（ヤジュニャ）」は、ヴェーダ的な実際の祭式ではなく、「象徴的な祭式」である。「北行する太陽の道に生まれる」とは、前講で見た通り、二道説のうちの「ブラフマンの世界」に到達する道に入ることである。つまり、ここでは、不死である解脱を獲得する方法が、「祭式」をメタファー（たとえ）として語られている。『バガヴァッド・ギーター』においては、「ブラフマンを念想すること」は、「ジュニャーナ・ヤジュニャ」（知的祭式）と言われていた。「祭式（ヤジュニャ）」を、このように内面的な崇拝の観念を表す語として使ったのは、『ギーター』であった。この『ギーター』と同様の観念が、ここでも働いていると言ってよいであろう。息子はさらに続けて次のように言っている。

自己（アートマン）の探求による死の克服

その者の言葉と心が、そして苦行（タパス）と棄世（ティヤーガ）とヨーガとが、常に正しく確固とした状態におかれているならば、その者は実に一切を手に入れるでしょう。知識に匹敵するような目はなく、知識に匹敵するような力はありません。愛欲に匹敵するような苦はなく、棄世に匹敵するような楽はないのです。

私が、自己（アートマン）によって自己に生まれて、自己を拠り所とするならば、たとえ子孫がいなくても、私は同じ自己に再び生まれるでしょう。子孫は、私を、彼岸へと渡らせてくれるものではありません。唯一性、平等性、真実性、良き性向、堅固、寛容、正直、あれやこれやの行為を停止すること、バラモンにとってはこれらほどの財産はほかにはありません。バラモンよ［父よ］。死ぬべき定めのあなたにとって財産が何になりましょう。親戚の者たちが、妻たちが、何になりましょう。［あなたの心臓の］洞窟に入っている自己（アートマン）を探されよ。あなたの祖父、あなたの父が行ったその場所を。

（同一二・一六九・三二―三六）

このように、自己（アートマン）の探求による死の克服と、実践方法としての「苦行」と「棄世」と「ヨーガ」を述べて、息子の言葉は終わる。「息子の言葉を聞き入れて、父はそのようにした」と言って、ビーシュマはこの「子と父の対話」の伝説をユディシュティラに語り終えている。

以上、少し長くなったが、『マハーバーラタ』の原文を追いながら、古代のインド人が、死をどのようにとらえ、死を克服するための方法として何を考えて来たかを見てきた。『マハーバーラタ』の話の中には様々な要素が重なり合い絡み合っている。そこには、ウパニシャッドの思想も見えるし、『ギーター』とそっくりの考え方も現れてくる。つとに指摘されているように、仏教の『ダンマパダ』やジャイナ教の『ウッタラッジャーヤー』の中にもまったく同じ表現の文句が見つかる。この「子と父の対話」の中の息子の思想は仏教やジャイナ教に影響を受けたものだという指摘もある。

しかし重要なことは、インドの歴史上のある時期、おそらくは紀元前の六世紀から五世紀頃に、従来のヴェーダ的な考え方、バラモン中心の祭式主義的な考え方を否定するような思想運動がうねりとなって起こってきたということである。それは、基本的に現世拒否的な思想であった。そしてそれが、ウパニシャッドにも、仏教の初期仏典にも、ジャイナ教の経典にも言葉として残され、さらに吟遊詩人たちが唄う言葉ともなって叙事詩にまとめられたのである。いま見た息子の言葉の中に、死を克服する方法として、「苦行と棄世とヨーガ」が挙げられていた。「苦行」と「棄世」についてはすでに見た通りである。一方、「ヨーガ」については、本書ではこれまで触れてはいない。ヨーガは、不死を探求する技法として、ヒンドゥー教の歴史で中心的な流れを形成して現在にまで至っている。そこで、次講では、このヨーガの伝統について見ることにしよう。

第5講

不死の探求

ヨーガと一神教

エリアーデ『ヨーガ』英語版

「梵我一如」の問題

ヨーガは、今日の日本では「ヨガ」という名で健康法の一種とみなされているようなところがあるが、インドにおいて古くから伝わる宗教的実践の方法である。宇宙論的なヴィジョンをもとにした瞑想によって精神統一をはかる肉体的・精神的な修行法として、ヒンドゥー教だけでなく、仏教でもジャイナ教でも独自の体系化をともなって発展した。そこで、本講では、「死を克服する方法」としてのヨーガについて見ることにしよう。

ところで前講において言われていたのは、犠牲獣を伴うヴェーダの祭式によってではなく、「象徴的な祭式」によって、「私」は、「北行する太陽の道に生まれるであろう」ということであった。それが意味しているのは、「象徴的な祭式」である苦行がたとえ死を克服する方法であるとしても、その果報は、人が死んだ後に生じるということである。つまり、死の克服は、死後にしか実現しないと考えられていた。第3講において「生天」と「解脱」について見たときも、われわれはそれらは死後のことだと理解していたはずである。なぜなら、「苦」であるこの世界から逃れ、死を克服するとは、端的に言って、今あるこの身体から解放されることだから。

人は死ぬことによってはじめて身体から解放され、純粋な魂として存在しうる。魂とならない限り永遠の生を受けとることはできないし、不死の状態に入り込むこともできない。つまり、肉体として死んではじめて魂として「解脱」するのである。そうであれば、解脱するためには、できるだけ早く肉体を捨てなければならない。苦行とは、この肉体を否定するための実践であったと言うことができるだろう。そして、こうして獲得されるのが「ブラフマンの世界」への到達としての「梵我一如」であるならば、「梵我一如」もやはり死後に実現する状態であったはずである。つまり、宇宙の最高原理ブラフマンと個体原理アートマンの一体化は、神話的ではあるが、決して神秘的ではなく、物質世界の外部にある現象として、存在論的な因果関係のなかで起こるはずのものであった。

ところが、ウパニシャッドにおける「梵我一如」はすでに「知識」として語られるべきものとなっている。大宇宙と小宇宙、ブラフマンとアートマンは、「同一であるもの」として、知的にかつ個人的に経験されるべきもの、「そのようなものとして知られるべきもの」ととらえられている。それは、「梵我一如」が、秘教的な知識であると同時に、神秘主義的に個人によってこの世において体験されうるものとなったということに他ならない。そして、この世において「梵我一如」が体験され「解脱」が実現するということは、それが知識である限りにおいて、「悟り」の境地を得るということと同義である。

「祭式の内面化」とヨーガ

ウパニシャッドにおいて神秘体験的な知識(悟り)として語られることになった「梵我一如」の思想は、ブラーフマナ文献におけるヴェーダ祭式の象徴的な解釈から始まったと考えられる。ブラーフマナ文献とは、『リグ・ヴェーダ』などのヴェーダ本集が完成した後で成立してくる文献群の総称で、そこには祭式執行の規則やその解釈がことこまかに述べられている。祭式は、ひとつの象徴体系である。それは世界の諸事象間の連関を示し、世界(宇宙)と人間と祭式を構成する諸要素間に観念連合的な対応を認めるものである。ブラーフマナの思考方法には、時に哲学の始まりを思わせるものがある。ウパニシャッドはこの思考方法を発展させ、宇宙の根本原理ブラフマンと個体原理であるアートマンとが本質的に同一であることを主張したのである。

つまり、ヴェーダの祭式そのものが自然界の諸事象を模倣した象徴体系であり、その象徴体系としての外的な「祭式」を、内的な「知識」へと移し換えたのがウパニシャッドの思想である。このような転換を指して、「祭式の内面化」(仏 intériorisation rituelle, 英 ritual interiorization)と言われることがある。「祭式の内面化」という用語を、ウパニシャッドの思想に対して最初に使ったのはおそらくミルチャ・エリアーデ(一九〇七―一九八六)であろう。

エリアーデは、そのヨーガ研究の中で、『カウシータキ・ブラーフマナ・ウパニシャッド』に現れる「内なるアグニホートラ祭」という文句を取り上げ、さらに『チャーンドーギヤ・ウパニシャッド』にも言及して、そこで言われる祭式について「祭式の内面化」と表現した。エリアーデの解釈については批判もあるが、ここで重要なのは、彼が「祭式の内面化」をヨーガの技法と結びつけて論じた点である。「祭式の内面化」によって、単に外的な「祭式」が内的・個人的な「祈り」に移行したということを言うのではなく、ヴェーダの祭式において見られた小宇宙と大宇宙の同一化のプロセスが、ヨーガにおいて、個人の内部における「生理的諸器官・諸機能」と「宇宙の諸領域・諸律動」の相同関係へと置き換えられているということを、エリアーデは言おうとした。そして、ヨーガの特質を、そのような同一化のプロセスにかかわる内的な知的操作にあると考えたのであった。

ヴェーダの祭式は、先に述べたように、神々に働きかけ神々をコントロールして意のままに動かし、「生天」という果報を得るための手段であった。一方、「祭式の内面化」としてのヨーガは、個人の生理的な諸器官・諸機能をコントロールして、「解脱」という最終目的を内的・精神的に獲得するための方法である。祭式による「生天」が死後にしか実現しなかったのに対し、ヨーガによって獲得される「解脱」はこの世において体験される。しかも、先に述べたウパニシャッドにおける「梵我一如」が、同じ体験でも、内的な知識として神秘体験の内で一挙に開示されるものと考えられていたとすれば、ヨーガによる「解脱」の獲得は体系化された修行によって段階的に実現されうるものであると言うことができる。

図8　「釈迦苦行像」(パキスタン，ラホール博物館蔵)．ブッダもヨーギンのひとりであった

「ヨーガ(yoga)」は、「結びつける」を意味する動詞語根「ユッジュ」(yuj-)から派生した語であると説明されることが多い。もともとは馬や牛に軛《くびき》をつけて制御することを意味し、そこから、感覚器官を制御して精神集中することを意味するようになったと言われている。そして、そのための瞑想法や修行の技術が「ヨーガ」と言われるようになった。次に見るように、この語がこうした意味で最初に用いられたのは、中期ウパニシャッドのひとつである『カタ・ウパニシャッド』においてである。

ヨーガの修行法が体系化されたのは、五世紀頃に著された『ヨーガ・スートラ』においてであるが、それに先だって、感官の制御や調息法を思わせる叙述は初期のウパニシャッドの時代(前六世紀頃)に見られ、さらに中期ウパニシャッドの時代(前三世紀頃)になると、坐法や調息法などの瞑想の具体的な方法が整備されてきて、修行法としてのヨーガの体系が次第に整えられていったと考えられる。

ここで注意すべきは、ヨーガは、真理(霊的な体験や実在の本質)についての深い洞察、つまりこの世において実現する「解脱」としての「悟り」へと導く瞑想法・修行法を広く一般に言うものであるということである。そして、最初に言ったように、ヨーガは、特定の宗派や学派においてのみ実践されているものでなく、ヒンドゥー教の諸派のみならず仏教やジャイナ教などの様々の宗派・学派においても実践されている「精神集中」のための修行法の総称である。したがって、様々の宗派や集団の中にいる修行者はみな「ヨーギン」(ヨーガ行者)と呼ばれている。

『カタ・ウパニシャッド』

「ヨーガ」という語が、「精神集中」を意味して最初に現れてくるのは『カタ・ウパニシャッド』においてである。ブッダの時代より後に成立したものであるが、色々と注目すべき特徴をもったウパニシャッドで、ヨーガだけでなくサーンキヤの思想も現れてくる。サーンキヤとは、『インド哲学10講』でも議論したように、世界の原因として、根源的一者の代わりに精神原理(プルシャ)と物質原理(プラクリティ)を置く二元論の思想である。ヴィシュヌ神への言及もあって一神教的な傾向も見られる。そして、後に述べるように、同じ中期ウパニシャッドである『シュヴェーターシュヴァタラ・ウパニシャッド』ほどではないにしても、絶対的な最高神への帰依と恩寵のイメージも垣間見える。

この点については次講において考えることになるが、ヨーガは修行法、つまり持続的な自己鍛錬であり、「自力」による解脱の獲得を目指すものである。一方、「帰依と恩寵」は、神の側からの「他力」による救済を願うものである。「自力と他力」は、宗教を考える上で重要な概念であり、相互補完的な概念でもあるが、このような個人の側からの努力と神の側からの恩寵という双方向の関係が現れてくる『カタ・ウパニシャッド』は、『シュヴェーターシュヴァタラ・ウパニシャッド』とともに、その後のヒンドゥー教の展開を考えるとき、インドの宗教史上において時代を画する重要な文献であったと言えるだろう。

さて、『カタ・ウパニシャッド』の研究は、一九世紀末から多くの名だたる研究者によってなされている。しかも短編である。日本語でも詳細な注がついた全訳を読むことができるので是非とも読んでもらいたい。ここでは話の筋を簡単に紹介することにしよう。

主人公は、ナチケータスという名前の若いバラモンである。彼は、祭式において手持ちの財産のすべてを布施として与えた父親に対して、残った自分を誰に布施として与えるのかと二度三度と繰り返し尋ねる。息子の執拗な質問に怒った父は、「私はお前をヤマ(閻魔、死神)に与える」と言う。その結果、死の国へと行くことになったナチケータスは、ヤマのもとに到着するが、ヤマは不在である。三日三晩、供応も受けずに過ごした後、ようやくヤマが帰ってくる。ヤマは、お詫びのしるしにと彼に三つの恩恵を施すと言う。そこでナチケータスは、第一には、父のもとに生きて帰ること、第二に、不死の天上界に人を導く祭火（ナーチケータ祭火）について教えること、そして第三に、「死」の問題について答えることをこの死神ヤマに求めたのである。

実はこの話は、その筋書きを『タイティリーヤ・ブラーフマナ』（三・一一・八）に借りている。このブラーフマナは、「ナーチケータ祭火壇」の由来を語るもので、右にまとめたところまではほぼ同じ話となっている。ただし、三つ目の恩恵の話が、ブラーフマナでは、「どのようにすれば天界に生まれた後に再び死ぬことがないように死を克服できるのか、それを教えて欲しい」と頼まれたヤマが、ナーチケータ祭火壇について語り、それによってナチケータスは「再死」を克服したという話で終わっている。「ナーチケータ祭火壇を築く者、そしてこれをこのように知る者は再死を克服する」というのが、ブラーフマナの結びの文である。

ナチケータス

このブラーフマナの話と比べれば、『カタ・ウパニシャッド』の話は、はるかに複雑で印象深い。複雑になった理由は、本文の成立過程で様々な要素が新たに付加されていったからであるが、ひたすら「死」について問おうとする主人公の姿は、前講において見た『マハーバーラタ』の話における息子の姿と重なるものがある（両者には直接的な引用関係が見つからないから、確かなことは言えないが、『マハーバーラタ』の方が影響を受けている気がする。『マハーバーラタ』の主人公の息子の名が「メーダーヴィン」、すなわち「智恵ある者」であるのに対して、「ナチケータス」の方は、「ナ・チケータス」na-ciketasで「無知なる者」を含意しているのもおもしろい)。

ブラーフマナの方は、要するに、ヴェーダの祭火による「死」の克服を説いて、ありふれた結末であるのに対して、『カタ・ウパニシャッド』では、ヤマは、すぐには「死」の問題について答えない。ヤマは、ナチケータスに、長寿でも富でも美女でもどんな欲望でもかなえてやるから、「死」についてだけは尋ねるなと言う。それに対してナチケータスは答える。

人は富によって満足させられはしません。われわれが富を獲得するであろうころには、もうあなた(死神)を見ているのです。われわれが生きながらえるのはあなたが[寿命の支配者として]許すかぎりのあいだだけです。それに対して、わたしはさきの恩典(死の問題)を選ばなければなりません。

(『カタ・ウパニシャッド』第一章二七。服部正明訳)

ナチケータスはひたすら「死」を問うのである。そこで第二章から死神ヤマの答えが始まる。先にも触れたように、この『カタ・ウパニシャッド』全体の構成は複雑である。おそらく各章ごとにその主要部分は別々に成立していたと思われる。また各章の内部でも挿入があったりする。全体を通じてのテーマは、まとめてしまえば、アートマンの探求と「梵我一如」の達成である。全体は、第一章から第三章までの前半部と、第四章から第六章までの後半部に分けることができる。前半部と後半部で内容的にパラレルになっている箇所があり、後半部の方が思想的にやや発展した内容をもっている。そして、「ヨーガ」という語が現れるのは、後半部である。

ヨーガによる死の克服

ヨーガに関連する思想が前半部に見られないわけではない。たとえば、次の箇所は、サーンキヤ思想とも関連するが、ヨーガ的な思想を示す比喩として有名なものである。

> アートマンを馬車に乗る者と、身体を実に馬車と知れ。他方、理性を御者と、思考力(マナス)をまさに手綱と知れ。諸感覚器官を馬と人はよび、対象をその走路という。身体・感覚器官・思考力と結合したものを、賢者たちは享受者(経験の主体)とよぶ。……理性があり、つねに思考力[の手綱]を締める者にとっては、諸感覚器官は制御される。良馬が御者に制御されるように。……理性があり、思考力をそなえ、つねに清浄な者は、かの境地に到達し、そこからさらに[輪廻の世界に]生まれることはない。理性を御者とし、思考力を手綱とする人は、行路の終極に到達する。それはヴィシュヌ(神)の最高の居所である。
>
> (同第三章三―九。服部正明訳)

ここではまだ「ヨーガ」という語は出て来ないが、諸感覚器官を統御して身体を理性(精神)によってコントロールするというイメージは、ヨーガそのものである。そして、第六章で、はじめて「ヨーガ」という語が使われて、次のように語られる。

その確固とした感覚器官の保持を、人々はヨーガと理解する。そのとき人は心を散らさなくなる。なぜならば、ヨーガは[内的な力の]発現であり、[最高の帰趨への]没入であるから。

(同第六章一一。服部正明訳)

これが、サンスクリット文献の中で「ヨーガ」という語が使われた最初の例だろうと言われている。しかし、「人々はヨーガと理解する」という表現からすると、『カタ・ウパニシャッド』成立当時にはすでに術語として定着していた感じを受ける。「ヨーガ」と呼ばれる修行法の起源については様々な可能性が考えられるが、祭式主義のヴェーダの伝統とは異なる要素が混ざっていることは確かである。それがインダス文明、さらにはそれ以前の土着の文化にまで遡るものであるかどうかはわからない。ともあれインドの長い伝統の中で形づくられてきたものであることは間違いないだろう。本文は、次のような言葉で締めくくられている。

ナチケータスは死神によって説かれたこの知識と、ヨーガの全規定とを得て、ブラフマンに到達し、汚れを離れ、死を超越した者となった。まさしく最高のアートマンについてこのように知る他の者も[死を超越した者となるのである]。

（同第六章一八。服部正明訳）

この最後の詩節は、先に見たブラーフマナの結論部と対応させるために後に付加されたと思われるが、ヨーガによる死の克服、不死なるブラフマンへの到達が明快に説かれている。

結合と分離

ただし、この『カタ・ウパニシャッド』のもともとの結論部は、その前の第一五詩節にあり、そこでは、「この世に人の心を結びつけている結節がすべて断ち切られたとき、死すべき定めの人間は不死となる。以上が教えである」と言われている。この点について考察しておきたい。

「ヨーガ」の原義は、先に述べたように「結びつける」であるが、心を執着の対象から断ち切らない限り、心を一点に集中することはできないこともまた確かである。先ほどは「結びつける」という意味と「精神集中する」という意味がいかにも関係しているような説明をしたが、実のところ、「結びつける」ということと「集中する」ということを、なぜ一連のこととして語り得るのかよくわからないところがある。そもそも、「結びつける」とは、何と何を結びつけるのだろうか。

それこそ「梵我一如」だ、「アートマン（自己、魂、心）をブラフマン（神、宇宙）に結びつける」こと、両者の神秘的合一を意味するのだということかもしれないが、それはおそらく後の考え方であって、古典的なヨーガにおいてこうした説明がなされることはない。それよりは、「精神原理と物質原理の分離（ヴィヨーガ）、それがヨーガ（結合）である」と、まるでパラドックスのような言い方をされるのが普通である。

ヨーガの思想はサーンキヤの二元論の体系を前提として成り立っている。現象界は、精神原理が物質原理に結びつくことによって生じてくる。その結果、精神原理はこの現象界に巻き込まれて「苦」を経験することになる。これが「心のはたらき」である。したがって、このような「心のはたらき」を滅して、精神原理を物質原理から分離させ、精神原理の独存の状態をつくり出すことが、ヨーガの目的である。これが、「結合（ヨーガ）は分離（ヴィヨーガ）である」というパラドックスの意味に他ならない。

魂を身体から分離させなければ、魂と絶対者（神）の神秘的合一もないであろう。そもそもの発端は、「解脱」のためにいかにしてこの身体から魂を分離させるかの問題であった。ヨーガとはまさに、この世において身体から魂を分離させるための技法なのである。

『シュヴェーターシュヴァタラ・ウパニシャッド』

『シュヴェーターシュヴァタラ・ウパニシャッド』も、中期ウパニシャッドに属しており、『カタ・ウパニシャッド』よりは後、『バガヴァッド・ギーター』よりは前に成立していた文献だと考えられるが、有神論的な色彩が『カタ・ウパニシャッド』より一層明確に現れ、ヨーガの実践に関しても具体的かつ詳細に記述している。そこに述べられている内容は、様々な「ヨーガ」について述べている『バガヴァッド・ギーター』や、体系化されたヨーガの理論書である『ヨーガ・スートラ』の内容に一致するところもある。ヨーガについて最も具体的に述べている次の箇所を見ておこう。

賢者は、〔胸、頸、頭の〕三カ所を一直線に延ばし身体を垂直に保持し、諸感覚器官を心(マナス)とともに〔内に向けて〕心臓に入り込ませ、恐怖をもたらすあらゆる流れを、ブラフマンという小舟によって(＝聖音オームを唱えて)、渡るべきである。

この時、身・口・意の行為を統御したその賢者は、息の回数を徐々に減らした後で、息が尽きたときに、片方の鼻孔から息を吐き出すべきである。悍馬につながれた馬車を〔御者が〕統御するように、賢者は、注意深く、その心(マナス)を統御すべきである。

平坦で清浄であり、小石や火や砂利がなく、気になる騒音もなければ、水たまりなどもない場所において、そして、心(マナス)に快く、目に障ることもなく、洞窟のような風を遮る場所において、[賢者は、ヨーガを]実践すべきである。

ヨーガの実修の最中に順次に見えてくる、霧、煙、太陽、火、風、蛍(発光虫)、稲光、水晶、月、といったこれらの形象は、[ヨーガ実修者の心の内に]ブラフマンが顕現してくるときに、それに先だって現れてくるものである。

[ヨーガを実修する間に、]地、水、火、風、空の五元素が、[ヨーガ実修者の身体の内に]集まり生じたときに、これら五元素からなる身体はヨーガの特質を具えたものとなる。そのときには、ヨーガの火からなる身体を獲得したヨーガ実修者には、病も、老いも、死も存在しない。

[ヨーガ実修者の身体は、]軽快となり、無病となり、欲望がなくなり、輝くような顔色となり、均整のとれた声となる。芳しいにおいがし、排泄の量が少なくなる。[ヨーガを知る者たちは、]これらが、ヨーガ実修の最初の効果であると言っている。

(『シュヴェーターシュヴァタラ・ウパニシャッド』第二章第八―一三詩節)

ここには、坐法や感覚器官の抑制、調息法が述べられ、ヨーガの実修に適した場所の指定、その境地、さらには身体の変容やその効果までが語られている。二千年以上のへだたりがあるが、現代日本で「ヨガ」として知られているフィットネスにも通じるものがある。そんなつもりで見ると、このウパニシャッドはヨーガのガイドブックとして読めなくもない。
ヨーガの実修が進むにつれて見られるようになる幻覚現象についての叙述などもあり、単なる知識としての「梵我一如」ではなく、瞑想の内で得られた個人の体験を言語化して語るもので、そこに見られる神秘主義的な傾向は、後のタントリズムに通じるものがあり、シヴァ教への展開の前段階と見ることができる。

ヨーガと一神教

神秘体験とは「神」を直接的に自らの内部において経験することであるから、当然そこには「神」がいなければならない。『シュヴェーターシュヴァタラ・ウパニシャッド』では、その神は、「ルドラ」(シヴァ神の別称)と呼ばれており、また「ブラフマン」と同一視されたり、ときには「ブラフマン以上」と言われたりもしている。また、「バガヴァット(尊者)」とも「ハラ」(シヴァ神の別称)とも呼ばれている。その姿は、たとえば次のように語られている。

唯一であり、天網を使って、自らの支配力によって支配している者。諸世界のすべてを、自らの支配力によって支配している者。諸世界が生まれたときにも、諸世界が存続しているときにも、唯一の者として存在している者。その者を知る者たちは、不死なる者たちとなる。なぜなら、これらの諸世界を自らの支配力によって支配している者は、ルドラ神ただひとりであり、第二の者はいなかったからである。その者は、すべてのものたちに対して立ち、守護者として、すべてのものたちを創造し、そしてその後に、終末にあたっては、[自らの内へと]収斂させた。

(同第三章第一―二詩節)

このように、このウパニシャッド全体を通じて、その神が唯一の存在であることは繰り返し強調されている。ただ、その神のイメージ自体は先行するヴェーダ聖典から詩節を引用することで表されている。たとえば、右の詩節に続く第三詩節は、『リグ・ヴェーダ』(一〇・八一・三)からの引用で、「一切方に眼《まなこ》をもち、また一切方に顔をもち、一切方に腕をもち、また一切方に足をもつ者、独一の神は、天地を生みしとき(創造したとき)、両腕をもって、翼をもって[煽ぎて]鍛接せり」(『リグ・ヴェーダ讃歌』辻直四郎訳)である。ちなみに、この詩節はもともと『リグ・ヴェーダ』ではヴィシュヴァ・カルマン(「一切の工作者」)という神への讃歌であって、それが後に唯一の創造神の姿を語るものとして引用されることになった。

さて、ヨーガが一神教的な色彩を帯びるのは、それが、瞑想において「神」を念想し、神秘主義的な合一体験へと導くものであるからだが、ヨーガと一神教の問題を考えるにあたって忘れてはならないのが、『バガヴァッド・ギーター』である。ヒンドゥー教の歴史においてそれが占めた重要な役割について、ここで見ておく必要があるだろう。

『バガヴァッド・ギーター』

『バガヴァッド・ギーター』は、現代のヒンドゥー教徒にとっても日常的に接することが最も多い聖典である（詳しくは『『バガヴァッド・ギーター』――神に人の苦悩は理解できるのか？』をご覧いただきたい）。同書には、第一章「アルジュナの絶望のヨーガ」に始まり第一八章「解脱と棄世のヨーガ」に終わるまで、一八章の章名のすべてに「ヨーガ」という語が入っていることが知られている。こうなるとヨーガが何を意味しているのかわからなくなるが、本講において見てきたような「精神集中」を意味するヨーガ、そのための技法としての調息法や坐法に関わるヨーガを述べている章もあり、それがまさにクリシュナという『ギーター』における唯一神と関連して語られる箇所もあるので、それをここで見ておきたい。

まず注目したいのは、第四章の叙述である。ここでは、先に触れた「祭式の内面化」あるいは「祭式の象徴化」が明確に語られている。

他の人々は、すべての感官の働き、気息の働きを、知識より燃え上らされた、自己制御のヨーガ（実践）という火の中に焼《く》べる。他の修行者たちは、強固な信念をもって、財物を祭式とし、苦行(タパス)を祭式とし、[その他の行為の]ヨーガを祭式とし、学習と知識とを祭式とする。他の人々は、プラーナ気とアパーナ気の道を抑制し、調息法(プラーナーヤーマ)に専念して、プラーナをアパーナの中に焼べ、アパーナをプラーナの中に焼べる。他の人々は、食制限して、気息を気息の中に焼べる。以上すべての人々は祭式を知り、祭式により罪障を滅している。

(『バガヴァッド・ギーター』四・二七—三〇。上村勝彦訳。上村訳の「祭祀」を、本書の用語に合わせて「祭式」とした)

ここでは、「祭式(ヤジュニャ)」という語が、明確に象徴的な意味で使われていることがわかる。祭式においてギーを火に投じて燃え上がらせるように、ヨーガにおいて気息を気息に投じて燃え上がらせると言われている。ここにおいてヨーガが内面化された祭式としてとらえられていることは明らかである。そしてそれが、調息法(プラーナーヤーマ)として語られているのである。

さらに「瞑想のヨーガ」という章名がつけられた第六章は、全体が精神集中としてのヨーガを説き、ヨーギンについて述べるが、特に第一〇詩節から第三二詩節においては、先に『シュヴェーターシュヴァタラ・ウパニシャッド』においてみたのと同様の叙述が見られる。その一部を引用してみよう。

ヨーギンは一人で隠棲し、心身を制御し、願望なく、所有なく、常に専心すべきである。清浄な場所に、自己のため、高すぎず低すぎない、布と皮とクシャ草で覆った、堅固な座を設け、その座に坐り、意(マナス、思考器官)を専ら集中し、心と感官の活動を制御し、自己の清浄のためにヨーガを修めるべきである。体と頭と首を一直線に不動に保ち、堅固[に坐し]、自らの鼻の先を凝視し、諸方を見ることなく、自己(心)を静め、恐怖を離れ、梵行(禁欲)の誓いを守り、意を制御して、私に心を向け、私に専念し、専心して坐すべきである。このように常に専心し、意を制御したヨーギンは、涅槃(ニルヴァーナ)をその極致とする、私に依拠する寂静に達する。

(同六・一〇―一五。上村勝彦訳)

『ギーター』においては、「知識のヨーガ」、「行為のヨーガ」など様々な「ヨーガ」が説かれるが、これは精神集中としてのヨーガを説くものである。ただし、ここで、「専念」「専心」すなわち精神集中の対象が、自己の内面ではなく、「私」だと言われていることには注意しなければならない。

ヨーガからバクティへ

『バガヴァッド・ギーター』は、戦士アルジュナと御者(実は神)クリシュナとの対話で成り立っている宗教詩であるから、一方の対話者であるクリシュナが、「私」と一人称で語っても何らおかしくはない。しかし、実はこの箇所では、クリシュナは自ら最高神として語っている。なぜなら、「私」＝クリシュナに「専念」「専心」すれば、ヨーギンは「涅槃(ニルヴァーナ)」に到達すると言われているからである。「涅槃」とは、不死性を獲得したブラフマンの境地に他ならない。ヨーガによる精神集中は、ここにおいて唯一の最高神に対する信仰、すなわち「帰依」へと変化し始めていると言えるだろう。

この「ヨーガ」から「帰依」への劇的な変化を、『ギーター』の第六章から第七章への展開において見ることができる。

すべてのヨーギンのうちでも、私に心を向け、信仰を抱き、私を信愛する者は、「最高に専心した者」であると、私は考える。(同六・四七(最終詩節)。上村勝彦訳)

アルジュナよ、私に意(こころ)を結びつけ、私に帰依してヨーガを修めれば、あなたは疑いなく完全に私を知るであろう。それにはどうすればよいか、聞きなさい。

(同七・一。上村勝彦訳)

ここでは、「専心する」が、「信仰をもつ」と言い換えられ、さらに「信愛する」と言い換えられ、それが「帰依」へと展開している。このことに注目すれば、「ヨーガ」が「神への信愛・帰依(バクティ)」へと質的に変化したことを見て取ることができるだろう。『ギーター』では第七章以後、クリシュナはもっぱら神として語り続けている。

この「バクティ」は、ヒンドゥー教の宗教観念の中で最も重要なものである。次講では、ヨーガから一神教への展開の結果として現れてきたこの「バクティ」の観念について、ヒンドゥー教における歴史的な変遷を見ることにしよう。

第 *6* 講

帰依と信愛

バクティ観念の展開

『バガヴァッド・ギーター』におけるクリシュナの神体顕示

ヒンドゥー教の歴史の中で『バガヴァッド・ギーター』が果たした役割は決定的に大きい。前講において見たように、『ギーター』は、ヴェーダからブラーフマナを経てウパニシャッドに至るまでの宗教的な様々な観念を含み、それらをさらに発展させて、信仰の対象としての唯一神の姿までをも現前させている。そして、その後のヒンドゥー教の展開に対しても極めて重要な役割を果たしている。それが、『マハーバーラタ』という親族間の血で血を洗う戦争を題材とする大叙事詩の一部であり、縁者と戦うことを逡巡する戦士アルジュナに対するクリシュナの説教集とでもいうべき『ギーター』が、ヒンドゥー教の最高の聖典とされるゆえんである。

さて、『ギーター』以後のヒンドゥー教は、「バクティ」と「タントラ」という二つの概念を中心に展開していくことになるが、本講では、まず「バクティ」について、『ギーター』に見える初期の形から、その後の展開までを概観することにしたい。

バクティというヒンドゥー教における重要な観念の展開を見るにあたって、まず、われわれにとって比較的身近な「自力」と「他力」という考え方から入ってみたい。

ここで参考にするのは、清沢満之《きよさわまんし》の「自他力二門」である。清沢満之(一八六三―一九〇三)は、明治時代の宗教哲学者であり、真宗大谷派の僧侶として「絶対他力」を信じながらも修養の生活を貫いた人物である。彼は、その著作として、『他力門哲学骸骨』(一八九五年執筆)を草稿として残している。その中の第六節「自他力二門」において、清沢は、「有限」と「無限」とが同一であると考えるか別異であると考えるかによって、宗教における「自力門」と「他力門」の二つが生まれてくると言った後で、次のように言う。

而して有限無限其の体一なりと信ずるものは、現前有限の吾人にも其の内部に無限の性能ありとなすが故に、自力を奮励して此の潜的無限能を開展せんとす。是れ自力門の宗教なり。然るに、有限の外に無限ありと信じるものは、在外の無限に無限の妙用を認むるが故に、此の無限の妙用に帰順して、其の光沢に投浴せんとす。是れ他力門の宗教なり。二門の性質容易く説明し難しと雖も、其の基想より転起するの源流は、略々此の如し。

(『他力門哲学骸骨』第六節「自他力二門」)

「自力」の立場というのは、有限と無限を同一だと考え、現に存在している有限な自己の内部に無限の能力を見いだし、自ら努力してそれを発展させようとする立場である。これに対して、「他力」の立場というのは、有限の外に無限があると考え、無限には人知でははかりがたい不思議な働きがあると考えて、それに自己の一切をゆだねきる立場である。清沢は、このように「自力」の立場と「他力」の立場を定義する。

無限と有限

清沢のこの論では、「無限」と「有限」によって具体的に何が意味されているかは明らかでない。彼は最初の著作である『宗教哲学骸骨』(一八九二年)においても有限と無限について語っているが、そこでは、両者は「同一体」であり、無限の働きによって有限が無限に「進化」するのが宗教の要諦であると言っている。

有限である自己と無限との間に成り立つ関わり合いが宗教であり、自己の内に無限を見いだしてそれに向かうのが「自力」、自己の外の無限に向かうのが「他力」ということである。わかりやすくいえば、「有限」とは自己、個々の魂ないし意識だといえるだろう。それはつまりインド的な文脈で言えば、「アートマン」である。また、「無限」ということで、絶対的な存在である神や仏、その具体的な現れとしての阿弥陀仏や如来を想起することが可能だろう。それはまた、インド的には「ブラフマン」を指し、ヒンドゥー教のシヴァやヴィシュヌという神に対応することになる。

先の清沢の定義をヒンドゥー教に適用すると、「アートマンとブラフマンは同一体である」とはすなわち「梵我一如」のことであり、「ブラフマンの働きによってアートマンがブラフマンに進化する」ということも、神との合一へと向かうアートマン(自己)の運動と理解できそうである。では、『ギーター』において、神はどのような姿をとって現れ、「自力」と「他力」がどう語られるか、具体的に見ていこう。

『ギーター』における神の姿

すでに見たように、『ギーター』においては、クリシュナが唯一絶対の神として出現する。つまり、そこで「無限」として理解されるべきはクリシュナである。クリシュナが神としての荘厳な姿を人間アルジュナの目の前に顕示するのは第一一章からであるが、その場面に先だって、第九章において、クリシュナは人間の姿のままで、自らの神としての様態を次のように語っている。

この世界全体は、その正体が明らかでない私によって覆い尽くされている。万物は私の内に存在しているが、私はそれらの内には存在していない。また、万物が私の内に存在しているのでもない。見よ、私の一切万物支配力を。私の本性(アートマン)は、万物を保持しているが、万物の内には存在していない。[私の本性は、]万物をあらしめるものである。

(『バガヴァッド・ギーター』九・四―五)

これが、クリシュナ自身が「最高の秘密」として自らを語った言葉である。逆説的な表現は、神としての超越性を示すものである。語りかけられている人間アルジュナは「有限」であるが、神としてのクリシュナは「無限」として絶対的な外部に存在している。

続く第一〇章で自らの種々様々な現れ方を語った後で、ついに第一一章において、クリシュナはアルジュナの願いを聞き入れ、「顔をあらゆる方向に向けた無限なる神」(一一・一一)としての姿を初めて現す。神体顕示のこの場面は、物語としての『ギーター』のクライマックスである。実際、今から三〇年ほど前にインドで放送され、視聴率が九〇%を超えたと言われる、全九四話からなるテレビドラマ「マハーバーラタ」でも、クリシュナが神としての姿を現すこの場面は、SFX(今でいうVFXやCG)を使って、光り輝く神がまばゆく聳え立ち、地上のあらゆるものが逆流する滝のようにしてその口の中へと上昇し呑み込まれていく様子を映し出していた。その神の姿は、『ギーター』では、語り手(サンジャヤ)によって、次のように描写されている。

天に、もし一千個の太陽の光輝が同時に立ち昇ったならば、それこそこの偉大な神(クリシュナ)の光輝に等しいと言えるかもしれません。その時、アルジュナは、神々の中の最高の神(クリシュナ)の身体の内に見たのです。そこにおいて世界全体が一カ所に集まり、そして多種多様に分割されているのを。

(同一一・一二―一三)

このような神の姿を見て、アルジュナは仰天し、「神に頭を下げて帰命し、合掌して」(一一・一四)、神の驚異的な姿について語りながら帰命頂礼《きみょうちょうらい》を繰り返している。そして、その未曽有の姿を現した神は、アルジュナの「もとの姿に戻って欲しい」という願いを聞き、再び人間の姿に戻る。

神の超越的な姿は圧倒的である。全く人を寄せつけない。このような神を前にして人はひたすらひれ伏す以外にはないであろう。果たしてこれを信仰と呼んでいいものかどうかすら疑問であるが、ここでは、「無限」としての神が人間の外部に存在していることは間違いない。では、いったいこのような神に対して人はどう応対すればよいのだろうか。

呼びかける神

第九章において自らの正体について語った最後に、クリシュナは次のようにアルジュナに呼びかけている。

お前は、私に意識を向けた者となれ。私に帰依した者となれ。私に供物を捧げた者となれ。私に帰命せよ。このように自己を私に結びつけ、私に専心した者となれ。そうすれば、お前は、この私に至るであろう。(同九・三四)

また、第一一章でも、自らの真の姿をアルジュナに顕示したクリシュナは、最後に、同様に次のように呼びかけている。

私だけを念じて行為する者となれ。私に専念した者となれ。私に帰依した者となれ。一切の執着を離れた者となれ。万物に対して敵意をもたない者となれ。そうすれば、その者は、この私に至る。アルジュナよ。（同一一・五五）

クリシュナからアルジュナへの同様の呼びかけは、最終章の第一八章の終わり近くにおいても、「究極の秘密」、「最高の言葉」として発せられている。

お前は、私に意識を向けた者となれ。私に帰依した者となれ。私に供物を捧げた者となれ。私に帰命せよ。そうすれば、お前は、この私に至るであろう。真実かけて私はお前に約束する。お前は私にとって愛しい者であるから。（同一八・六五）

絶対的な神クリシュナは人間アルジュナにこのように呼びかけ続けるのである。「神である私に専念し、帰依すれば、私(神)のもとに来ることができる」。章の節目ごとに繰り返されるこのメッセージこそが、『ギーター』の中心にある教えであると言えるだろう。そして、これこそが「バクティ」の観念に他ならない。

繰り返しになるが、ヒンドゥー教を理解する上で重要な観念のひとつがこの「バクティ」であり、それが最初に現れてくるのが『バガヴァッド・ギーター』である。右の翻訳では、「バクティ」に関連する語彙に「帰依」という訳語を当てた。岩波文庫で親しまれている上村勝彦訳では、全て「信愛」と訳されているが、本講ではバクティ観念の歴史的展開を考えたいので、『ギーター』段階のいまだ完全には術語化されていない「バクティ」については、こうすることにした。

さて、その「バクティ」であるが、特にクリシュナが自らについて語る第九章には、右に引用した以外にも関連する多くの表現が見られる。「偉大な者たちは、ひとり私にだけ意識を向けた者たちとして、私に帰依する」(九・一三)、「バクティによって[私に]帰命している者たちは、常に専心して、私を念想する」(九・一四)、「専ら[私にだけ]専念した者が、私に帰依する」(九・三〇)などである。そして、これらに先だって、「バクティ」という名詞がある程度固有の観念を伴って使われているのが、次の詩節である。

アルジュナよ、それは最高のプルシャである。しかし、それは一心不乱のバクティによってこそ到達されるものである。万物はその者の内部に存在しており、その者によってこの世界全体が覆い尽くされているのである。（同八・二二）

クリシュナが、神である「最高のプルシャ」について、まだ第三者的に語っている場面であるが、言うまでもなく「最高のプルシャ」とは、クリシュナ自身のことである。ここでの「バクティ」（名詞）が、「神」に向けられた「専心」を意味していることは明らかであろう。『バガヴァッド・ギーター』において、ヨーガからバクティの観念への劇的な転換が見られるということを、前講の最後において言ったが、つまりそれは、ヨーガにおいていったん内面へと向かった精神の集中が、絶対的な神が外部に出現したことによって、再びそのベクトルを外部へと逆転させることになったということに他ならない。

『ギーター』における他力と自力

問題はここからである。ヴェーダの祭式が、外部の世界に存在する神々を、呪力によってコントロールしようとするものであったのに対して、ウパニシャッドやヨーガが、そうした祭式を「内面化」するものであったことは、前講まで見てきた通りである。この「内面化」という点から見れば、自己の内部に精神を集中し、そこにおいて絶対存在との合一を経験することを目指したウパニシャッドにおける「梵我一如」の理念も、精神を内面に集中することで絶対者との合一を経験しようとするヨーガの理念も、ともに「自力」の思想である。

では、『ギーター』における「バクティ」はどうか。これまで見てきたように、絶対的な神は万物の外部に存在しており、その神が、「私に専念しろ」と呼びかけているから、「他力」の思想のように思える。しかしながら、そこで言われる「専念」なり「専心」が、精神を内なる一点に集中するヨーガの意味をまだ残していることも確かである。それは、「専心した」を意味する語として『ギーター』の中に頻出する「ユクタ(yukta)」という語が、動詞 yuj-「結びつける」の過去分詞であり、一方、「ヨーガ」が同じくこの yuj- の派生名詞であることからもわかる。

たとえば、『ギーター』二・六一では、「五官を制御して、専心した者(ユクタ)となり、私に専念した者となって、坐すべし」と言われている。これがヨーガの坐法に言及するものであることは明らかであるし、「専心した」ということで、「私」であるクリシュナに心を結びつけることを言っているのも明らかである。そうであれば、「専心」とは、まさにヨーガによって、内なる神に心を向けて集中するという意味になる。先の清沢の定義に従えば、自己の内部にある無限に心を向ける「自力」ということになる。このように、心が向かう方向性から「他力」と「自力」を区別するならば、『ギーター』においては、ヨーガとの結びつきはいまだ強く、心が向かう方向が内なのか外なのか、明確に判別することは難しいと言わなければならない。

しかし、『ギーター』の中で、こうしたヨーガとの結びつきを断ち切ったかのような、やや響きの異なる詩節が二カ所ある。一つは、第九章の次の詩節である。

一枚の葉、あるいは一房の花、あるいは一個の実、あるいは一杯の水を、バクティをもってこの私に供えるならば、信堅いその者から、バクティをもって捧げられたそれを、私は喜んで受けとる。（同九・二六）

ここでは、「バクティ」という名詞を二回繰り返して、強調がなされているから、固有の意味内容をもっていると思われる。われわれは第2講において、プージャー（神像礼拝）に関連して、『ブリハット・サンヒター』の記述を読んで、六世紀前半には具体的な姿をした神像に対する礼拝が行われていたであろうことを見た。しかし、それより四〇〇年以上前に成立していた『ギーター』には神像に関する話はまったく見えず、その頃に神像礼拝があったかどうかは不明である。ただ、右のような詩節を読むと、純粋無垢な信仰心から神（像）に供え物をする素朴な人間の姿が思い浮かぶ。ここでの「バクティ」の語は、先に引用したような「私に帰依せよ」という神からの一方的な呼びかけではない。また感情を抑えた心の統一でもなく、より自発的に、信者から神に向けられた情感を伴っているようにも思える。神は、帰依を命ずるのではなく、信者のそうした思いを「喜んで受けとる」と言っている。その意味で「他力」的傾向を示すものと言ってよいであろう。もう一つは最終第一八章の終わり近くの言葉である。

なすべきこととなすべからざることの一切を放棄して、唯一この私にのみ帰依せよ。私は、お前を、一切の罪から解放してやろう。嘆き悲しむことはない。（同一八・六六）

これは、ヴィシュヌ教においては「究極の詩節」とされるもので、クリシュナが最後の最後にアルジュナに対して語った言葉である。「行為の結果を顧慮することなく行為せよ。一切の行為の結果を神にゆだねて行為せよ」というメッセージである。これを聞いて、戦うことに逡巡していたアルジュナも最後に立ち上がったのであった。

「無限大悲の如来は、如何にして、私に此平安を得しめたまふか。外ではない、一切の責任を引き受けて下さるゝことによりて、私を救済したまふことである。如何なる罪悪も、如来の前には毫も障りにはならぬことである」（『清沢文集』「我信念」岩波文庫、一〇三頁）。清沢満之の言葉である。彼は、「仏法はすべてを如来のお力におまかせして、まつたく無責任になることである」と言い切つてもいる。『ギーター』の「究極の詩節」は、表面上は「帰依せよ」という神から信者への命令に見えるが、実は、行為に伴うすべての罪を神が引き受け、解放を約束してくれるという、神から信者へのはたらきかけになっている。上の「喜んで受けとる」と同じく、神自身の積極的な意思表明がなされているのである。これは、神の側からの呼びかけであるが、この清沢の言葉とも響き合うほどの強度をもった「他力」の思想に到達しているように思える。そこにはヨーガ的な「自力」は全く見られない。

バクティの観念は、『ギーター』以後、単なる言説ではなく、ヒンドゥー教における実際の宗教運動として新たな展開を迎える。ここに見た『ギーター』に二回だけ現れる「他力」的な思想傾向は、以後のそのような展開の原型とも言えるだろう。

「知的バクティ」と「情的バクティ」

ではここで、『ギーター』から進んで、バクティ観念の歴史的な展開について概観しておきたい。ヒンドゥー教の歴史のなかで、バクティを一般的に定義しようとしても実のところ難しい。余りにも多様で、非常に長い期間を通じて、しかも空間的な広がりをもってそれは存在しているからである。しかし、「知的バクティ」と「情的バクティ」の二つの大きな流れに分けることができるということはほぼ定説として認められている。

「知的バクティ」とは、ここまで『ギーター』について見てきた「帰依」の観念であって、密接にヨーガの思想と結びついている。それは、感覚器官を抑制することで、心を最高神に結びつけ霊的な完成に到達しようとするものであり、そこには、情動的なものが入り込む余地はほとんどない。クリシュナは無限の広がりをもつ宇宙的な神格であり、その宇宙的な身体の内に万物は含みこまれている。そのような神から信者が命じられるのは、感覚をヨーガによって抑制し、全身全霊を神に捧げることであった(先に述べた二つの例外を除いては)。

これに対して、「情的バクティ」は、同じクリシュナに対する「帰依」といっても、ロマンティックな、あるいはエロティックな情愛に等しいものである。「情的バクティ」がはっきりと表現されるサンスクリット文献は、『バーガヴァタ・プラーナ』だと言われている。そこでは、クリシュナに対して向けられる帰依の感情は一種の恍惚状態として描かれている。信者は、興奮し、涙を流し、混乱し、気を失うほどの感動を味わう。その結果、帰依の本来の目標であったはずの解脱さえもがもはや忘れられ、信者は、輪廻を願い、恩寵によってくり返し生まれ変わり霊的な喜びを味わうことを願うとさえ言われるようになるのである。

『バーガヴァタ・プラーナ』が成立したのは一〇世紀だとされている。だとすれば、「知的バクティ」を代表する『ギーター』から、「情的バクティ」が最初に現れる『バーガヴァタ・プラーナ』までの間に、いったいいかなる変化が生じたのだろうか。

「知的バクティ」と「情的バクティ」の違いを考えるにあたって重要なのは、「信者(バクタ)」の宗教的な位置づけである。まず、その語源から見ておこう。bhakta は、動詞「バッジュ」(bhaj-、分有する、与る)の過去受動分詞であり、「[神によって]分有された者」を意味している。『バガヴァッド・ギーター』は『神の歌』とも訳されるが、この「バガヴァット(bhagavat)」(主、世尊。「バガヴァット」が「バガヴァッド」になるのは連濁の一種)も、同じく「バッジュ」からの派生名詞である「バガ」(bhaga、分け前、幸運)に所有を表す接尾辞 -vat が付いた語で、「分け前をもつ者」を意味している。つまり、もとの動詞「バッジュ」が意味するのは、「[神が]分有する」ということであり、そこから「[神が]好意を示す、気に入る、愛する」と意味が発展したもので、本来は、やはり神から信者への働きかけを表すものであった。

『ギーター』においても、「愛しい者(プリヤ)」と呼びかけられるのは専らアルジュナの方であり、信者とは、「神が愛した者」に他ならない。そのような神と信者との関係性の中で成立するのが「バクティ(bhakti)」である。「バクティ」もまた、動詞「バッジュ」から派生した名詞であるから、本来は、やはり神からの働きかけ、「[神が]気に入ること/[神に]気に入られること」を意味したが、それを信者から神への関係としてとらえなおしたときに、「帰依」、さらには「信愛」、あるいは「崇拝」といった観念を表す語となったのである。このような語源的な考察をふまえて、「知的バクティ」と「情的バクティ」における、神と信者との関係について考えてみよう。
繰り返しになるが、『バガヴァッド・ギーター』において見られたのは、基本的に神から呼びかけられ、命じられるアルジュナの姿であった。そこには、主体的な信者の姿はない。信者から神への働きかけは上述の二カ所以外には描かれることはなかった。もちろんそれは、『神の歌』と名づけられた聖典の性格から当然のことであったかもしれない。それに対して、『バーガヴァタ・プラーナ』は、信者の側からクリシュナを描き、幅広い民衆に受け入れられた宗教文学である。このことから考えれば、「知的」と「情的」という違いは、観念が歴史的に展開した結果であるよりは、その観念を担い、表出する主体の違いであると言えるのではないだろうか。

つまり、「知的バクティ」とは、超越的な神を知的に(あるいは教理的に)理解しようとしたエリートの宗教者の心に生まれてきたものであったのに対して、「情的バクティ」は、民衆である信者からの神、それも人間の姿をとった神への直接的な感情の働きが表されたものだということである。そうであれば、むろんそこには、民衆的な感情を表現する宗教者たちの活動を生み出し、流行させる時代の環境があったはずである。

『バーガヴァタ・プラーナ』の成立

『バーガヴァタ・プラーナ』が語るのは、ヴィシュヌ神の化身であるクリシュナの誕生から、少年期を経て青年期に至るまでの物語である。この作品が作られたとされる南インドのタミル地方では、六世紀から一〇世紀にかけて、「アールヴァール」と呼ばれる宗教詩人(聖者)たちが活躍していたが、「情的バクティ」のルーツはそこで繰り広げられた「バクティ運動」にあると言われている。アールヴァールたちは、ヒンドゥー教の寺院や聖地を巡って、シヴァ神やヴィシュヌ神に対する帰依の感情をタミル語で熱烈に歌い、また牧童であるクリシュナへの帰依の気持ちを、さながら恋愛感情を伝えるかのように歌ったのであった。

「バクティ」に対して、「信愛」(信じることと愛すること)という訳語を与えるのは、このことを踏まえてのものであろう。『バーガヴァタ・プラーナ』は、そうした宗教詩人たちの運動の影響を受けて生まれてきたと考えられている。

『バーガヴァタ・プラーナ』は、サンスクリットで書かれているが、クリシュナと牧女との愛の戯れを描くその第一〇巻は、インドの諸地方の言語に翻訳されており、インド民衆の心を圧倒的にとらえている。牧女たちは、美しい牧童として現れてくるクリシュナ神に恋をする。クリシュナに向けられる一途の愛は熱烈である。次のように歌われている。

愛人(クリシュナ)との耐えがたい別離(ヴィラハ)は激しい苦痛をもたらしますが、その苦痛によって、彼女たちは罪を取り除かれます。瞑想(ディヤーナ、一途な思い)のなかで不死者(クリシュナ)に抱かれた彼女たちは、幸運をすべて使い果たしたようです。自分の愛人だと思って交わったにせよ、彼女たちはかの偉大なお方(クリシュナ)と合一したのです。一瞬にしてこの世の束縛を断ち切った彼女たちは、物質的な身体を捨て去りました。

(『バーガヴァタ・プラーナ』第一〇巻二九・一〇―一一)

原文はもちろん韻文だが、残念ながら私には説明的な散文でしか訳すことができない。神をひたすら思い、神との合一を願いながらそれがかなわぬ苦しみを、恋人との別離の苦しみのように感じる。このようなバクティの様態は、「別離のバクティ(ヴィラハ・バクティ)」と名付けられている。『バーガヴァタ・プラーナ』がもたらした新たなバクティの観念は、官能的と言ってもよいほどに情動的な信愛の観念であった。

神像礼拝

心の中で神とのかなわぬ合一を願うとはいえ、人々は日常の生活のなかで実際の信仰を生きてもいる。ロマンチックな思いに浸ってばかりいるわけではない。『バーガヴァタ・プラーナ』では、ヒンドゥー教徒としての礼拝の仕方や宗教行事についても具体的に語られている。たとえば、バクティの実践においてなすべきこととして次の四つが挙げられている。(一)ヴィシュヌの化身(アヴァターラ)の物語を聞いたり、話したりすること。(二)寺院に置かれたそれら化身たちの神像を崇拝すること。(三)信心深い信者仲間と集会を行うこと。(四)ヴィシュヌ神の名を唱えること。また、神像についても、詳細な説明がなされており、寺院に安置された神像に対する礼拝が、定められた行作に従ってなされていたこともわかる。

神像などにおいて私をまつるのであれば、用途が確立した諸々の祭式道具を用いるべきである。**正真正銘の揺るぎない信者(バクタ)は、手に入ったものならどのようなものでもよいから、それら[の供物]とともに、心中の信念だけをもってまつればよい。**寺院内に安置された神像に対しては、沐浴させ衣服を着けさせ装飾品で飾るのが最も好ましいまつり方である。持ち運べる神像を地面に設置した場合は、神像の各部位に神のタットヴァを念置して(ニヤーサ。第7講参照)魂を入れるのが好ましいまつり方である。火をまつる場合は、上澄みの牛酪に浸した供物を火に投じるのが最も好ましい。太陽をまつる場合は、遙拝が最も好ましい。水をまつる場合は、水などによってまつるのが最も好ましい。**しかし、私の信者(バクタ)によって[神像が]まつられる場合は、一杯の水であっても、正信(シュラッダー)をもって供えられたものであるから、それが最も好ましい。**信者でない者によって供えられたものは、たとえ量が多くても、香、香煙、花輪、灯明、食べ物など、なんであっても、私を満足させるものではない。

（同一一・二七・一五―一八）

この詩節についても説明的な訳文しか示せないのが残念だが、意味は理解してもらえるだろう。先の『バガヴァッド・ギーター』九・二六と響き合うものがある。ここでは、はっきりと神像に対する供物として「一杯の水」が言われている。やはり『ギーター』の詩も、神像を前にしてのものであったのだろうか。このように、『バーガヴァタ・プラーナ』第一一巻で語られているのは、日常生活の中での具体的な祭礼や神像礼拝であり、そこでは当時の人々の信仰の姿を見ることができる。

バクティ運動の展開

民衆的な文化の中で育まれた宗教運動は、主として口承文芸によって普及した。詩人たちによって歌われた宗教詩は、次第に聖典としての扱いを受けるようになり、詩人たちは聖者とみなされるようになった。先に触れた「アールヴァール」は、タミルにおけるそうしたヴィシュヌ教の詩人たちの総称である。

アールヴァールたちの中で最も重要な人物は、九世紀に活躍したナンマールヴァールである。その主著『ティルヴァーイモリ』は、ヴィシュヌ神の恩寵を讃える瞑想的な一一〇二の詩から成っている。救済はヴィシュヌ神の無限の慈悲に基づく恩寵によって人に授けられるものであって、救いを求めてなされる人間の側からの努力は二次的な役割しか果たさないというのが、その思想であった。これも、「絶対他力」の思想と言うことができるだろう。ここには、先の『ギーター』一八・六六の反響を聞くことができるかもしれない。

バクティ運動はインドの各地において様々に展開する。南インドでは、ヴィシュヌ教のアールヴァールとは別に、「ナーヤナール」と呼ばれたシヴァ教の詩人たちの活動があったし、北インドでは、一五世紀以降に、ヴァッラバ、チャイタニヤ、カビールといった熱烈なバクティ運動を繰り広げる者たちが出てくることになる。それについては、第10講で見ることにしよう。

第 7 講

象徴と儀礼

タントリズムの広がり

両界曼荼羅図(敷曼荼羅)のうち「金剛界」(重要文化財，東寺蔵)．これを前にして「投華得仏の法」が行われる

タントリズム

『バガヴァッド・ギーター』以後のヒンドゥー教は「バクティ」と「タントラ」という二つの概念を中心にして展開すると先に言った。前講においてバクティを扱ったので、本講ではタントラについて見ることにしたい。タントラを拠り所とする思潮を「タントリズム」と呼ぶが、これは、「タントラ」というサンスクリットに、「主義、主張」を意味する「イズム」という接尾辞をつけた西洋の造語である。ではそれはどのような意味か。

「タントリズムを定義するのは容易ではない」とは、第5講でも紹介したエリアーデ『ヨーガ』(英語版)の言であるが、タントリズムを論じたことのある誰もが一様に言うことである。エリアーデは続けて、「六世紀以後汎インド的流行となった大きな哲学的、宗教的運動を指す」としたうえで、次のように述べる。

それは汎インド的運動である。なぜならそれは、インドのすべての偉大な宗教によって、そしてすべての「宗派」によって取り入れられているからである。仏教のタントリズムとヒンドゥー教のタントリズムがある。それらにおいてタントラ的要素が占める割合はかなり大きい。ジャイナ教もまたある種のタントラ的な方法を受容している。そして、カシミールのシヴァ派、パーンチャラートトラ派の運動、『バーガヴァタ・プラーナ』、さらに他のヴィシュヌ教のバクティ運動、それらにもタントラの影響は強く見られる。

(*Yoga, Immortality and Freedom*, pp. 200-201)

エリアーデがこう指摘したのは、本格的なタントラ研究が緒に就いたばかりの頃(『ヨーガ』英語版の出版は一九五八年)であったが、概略正しい。しかし、エリアーデが「汎インド的」と言ったタントリズムの広がりは、実際には、「汎アジア的」と言ってもよいほどのもので、インドだけでなく、北はチベット、ネパール、ブータン、パキスタン、中国、モンゴル、韓国、南はスリランカや東南アジアの各地域においても見られる。さらにそれは、「密教」として日本にまで及んでいる。そこで本講ではまず、われわれにとって比較的身近な空海(七七四—八三五)の真言密教を例にとって、その思想の内にタントリズムの特徴を見てみたい。

空海の「即身成仏偈」

真言密教のタントリズムの特徴を端的に示している空海の言葉に、「即身成仏偈《そくしんじょうぶつげ》」がある。二偈八句よりなる漢詩であるが、ここでは「即身」の意味を説く前半の四句を見てみよう。

六大無礙常瑜伽　（六大《ろくだい》は無礙《むげ》であって常に瑜伽《ゆが》である）
四種曼荼各不離　（四種《ししゅ》の曼荼《まんだ》は相互に離れることはない）
三密加持速疾顕　（三密《さんみつ》は加持して速疾に顕れる）
重重帝網名即身　（重重《じゅうじゅう》に帝網《たいもう》のごときを即身と名づける）

空海は、その著作『即身成仏義』で、この詩句を示した後、そのいちいちの意味について『大日経』や『金剛頂経』などの経典を引用しながら説明している。密教学の専門家による詳しい注釈や解説がすでにあるから、ここでは要点だけを述べておきたい。

この四句においては、類似の意味を表す語句がくり返されている。「無礙」（融通無碍。障碍なく相互にゆきわたること）、「常瑜伽」（瑜伽。ヨーガを音写した語。常に相互に結びついていること）、「各不離」（相互に結びついて離れないこと）、そして「加持」（仏の力が修行者に及び、修行者がそれに感応すること）、「速疾顕」（すみやかに即時に顕れること）、「重重」（重重無尽。相互に無限に結びついて融合しているさま）。空海自身が説明しているように、これらの語は、すべて「相応」、つまり相互に照応し、重なり合うことを意味している。そして、それが「即」（そのまま）の意味だとも言うのである。ではいったい何が、結びつき、重なり合い、融合するのか。そして、何が、「即身」

(身体そのまま)であるのか。

「六大」「四種の曼荼」「三密」のすべてが、個々の人間の身体そのままであると、この詩は言っている。では、「六大」「四種の曼荼」「三密」とは何か。ここでは、空海の説明を敷衍して理解しておこう。

「六大」とは、地・水・火・風・空・識という、世界を構成する六つの要素である。前五者が物質的要素、最後の「識」が精神的要素であり、それらはすべての存在の本体である。仏の身体も衆生の身体もすべては「六大」によって構成されている。そして、「六大」は、そこから意味が転じて、一切万物、森羅万象、全宇宙を指すことになる。さらには、全存在の本体としての大日如来の身体を象徴することにもなる。「六要素が融通無碍に交じり合い結びついてこの世界をかたちづくり、仏の身体、衆生の身体をかたちづくっている」というのが第一句の主旨である。

「曼荼(マンダラ)」とは、そのような一切万物が交流し合っている世界のすがたを象徴的に表す構図である。それは宇宙としての仏の身体の相、また衆生の身体の相を表してもいる。「諸尊のすがたを様々に描いた四種のマンダラは、仏の身体と衆生の身体、師の身体と弟子の身体が相互に連関し結びついていることを表象している」というのが第二句の主旨である。

「三密」とは「身・口・意のはたらき」のことである。すなわち、身体による活動、言語による活動、意識(心)による活動という人間の活動の三つを言う。人間の日常的な活動の全体をこの三種によって言うのは、古代からのインドの伝統的な考え方であり、すでに第4講で引用した『マハーバーラタ』にも出てきた(一〇二頁)。そしてその三種の活動を、仏の活動として言うとき、それらのはたらきは極めて深遠で知りがたいもの(「密」)であるから「三密」と言うのだと、空海は説明している。つまり、「三密」とは、仏の身体と衆生の身体における共通の霊妙なはたらきに他ならない。そのはたらきが相応し、交流し合うことを「加持」という。空海は、「加持」を、「加」(仏の側からのはたらきかけ)と「持」(衆生・修行者の側の感応)というふうに理解している。「三密を通じて、仏の身体と衆生の身体、師の身体と弟子の身体の間に相互の交流があって、速《すみ》やかにそこに悟りの世界が実現する」というのが第三句の主旨である。

タントリズムの宇宙観と身体観

こうして様々なレベルのあらゆる〈身体〉が、相互に結びつき、重なり合い、融合して、「彼の身、即ち是れ此の身、此の身、即ち是れ彼の身、仏身、即ち是れ衆生身、衆生身、即ち是れ仏身」(『即身成仏義』)となっている状態が、「即身」ということである。第四句で、空海は、「即身」という語が示すイメージを、「帝網」すなわち帝釈天(インドラ神)の宮殿(つまり満天)の網の目に無数の宝珠が飾られ、相互に照らし合っているさまに喩えて語っている(ちなみに、宮沢賢治は「帝網」を、「透明清澄で黄金でまた青く幾億互《たがい》に交錯し光って顫《ふる》えて燃えました」と美しく描写している(『インドラの網』)。現実の身体を捨てることなく、そのままで宇宙に遍満する絶対者と一体化して体験される世界を、空海はこのように描写したが、これこそが、密教にもヒンドゥー教にも見られるタントラ的な宇宙観の根本的なイメージと言ってよいだろう。

本書においてこれまで見てきたのは、苦行でも棄世でも、あるいはヨーガでもバクティでも、修行者は現世的な身体を精神的に否定すること、あるいは超越することによって、来世的なものへの到達を、あるいは絶対的なものとの合一を実現しようとするものであった。

しかし、ここで言われているのは、修行者が現在の身体のままで、その身体において、仏(絶対者、神)との同一化、あるいは同一性を体験するということである。そこでは現在の身体は否定されるのではなく、そのまま変成する。タントリズムでしばしば見られる比喩を使うならば、それはちょうど錬金術師が卑金属を浄化して金に変成させるのと同様である。そこにおいて身体を浄化するのが「加持」であり、後に見る「ディークシャー」の儀礼である。

タントリズムの考え方とは、このように「即身」を根本的な特徴とし、それを実現するための手段がタントラの儀礼だということにある(なお、神と「同一になる」のか、それとも神と「同一である」のかは、神と魂(個我)の関係をどのようにとらえるかというヒンドゥー教の神学上の重要問題である。これについては次講で扱おう)。

もちろん、タントリズムの特徴は他にもある。それを具体的に見たいと思うが、その前に、言語的な説明をしておかなければならない。「タントラ(tantra)」というサンスクリットは「縦糸、織物」を意味し、そこから転じて、編まれた物としての「学説体系」を意味する名詞である。したがって、もともとは何か特別な思想を意味する語ではなかった。

しかし、「タントラ的な」という意味の「ターントリカ(tāntrika)」というサンスクリットの形容詞は、「ヴェーダ的な」(ヴァーイディカ、vaidika)という語と、並列的あるいは対比的な意味で使われることが多い。この区別に従うならば、「ヴェーダ的な」すなわちヴェーダ聖典に基づくものとは異なり、「タントラ的な」ものとは、タントラ聖典に基づく思想や実践であるということになる。では「タントラ聖典」とは何か。それは、五世紀頃から現れ始めたヒンドゥー教の諸聖典で、シヴァ神やヴィシュヌ神、またラクシュミーなどの女神たちといった、従来のヴェーダ聖典においては主役ではなかった神々からの啓示を受けて作られたとされている。それらの聖典を広く「タントラ文献」と呼び、そこに見られる新しい思想や実践を「タントラ的なもの」、すなわちタントリズムとみなすのである(以下、「タントラ的な」という語を使う場合には、「ヴェーダ的な」ものとは異なるということが第一に含意されていると理解して欲しい)。

空海の『請来目録』

さていま見たように、「即身」、つまり宇宙と身体の照応・一体化の考え方を、タントラ的なものの特徴の第一としてあげることができるが、もうひとつ重要な特徴を指摘しておかなければならない。師と弟子(入信者)の間に成り立つ特別な関係と、それが成立する場としての入門聖別式(ディークシャー)である。ディークシャーは、密教における「伝法灌頂《でんぼうかんじょう》」という秘儀的な儀礼に対応するものである。

そこでもう一度、空海に戻ってみよう。空海は、延暦二三年(八〇四)一二月、長安に到着する。翌年、師である恵果《えか(けいか)》(七四六―八〇五)から密教の全体系を受け継いで、唐から帰朝したのが大同元年(八〇六)一〇月のことであった。二〇年の予定を切り上げての、二年にも満たない留学であったが、単に密教の教義を頭で学んで帰って来ただけではなかった。その時、空海は「物」として密教を持ち帰ったのである。その詳細が、『請来目録《しょうらいもくろく》』として残されている。同書で空海は、上表文に続けて次のように言っている(原漢文)。

入唐学法沙門空海が大同元年に請来せる経・律・論・疏・章・伝記、幷《なら》びに仏・菩薩・金剛・天等の像、三昧耶《さんまや》曼荼羅・法曼荼羅・伝法阿闍梨《でんぼうあじゃり》等の影、及び道具、並びに阿闍梨付嘱物等の目録。

(空海『請来目録』)

続けて各項目の内訳が延々と書き連ねられるが、空海の師である恵果のそのまた師である不空《ふくう》

(七〇五—七七四)によって新たに漢訳されたとされる密教経典類一一八部一五〇巻が、まず列挙されている。そこに並ぶのはもちろん経典類であるが、「陀羅尼(ダラニ)経」とか「念誦法」といった名前をもつマントラ(真言)に関連するものが多く、また密教儀礼に関する儀軌類も多く含まれている。密教の体系、ひいてはタントリズムにおいては、儀礼が重要な位置を占めているということがこれによってわかるであろう。

さらに「梵字真言讃等」四二部四四巻として、悉曇《しったん》梵字で書かれた真言や儀軌類が挙げられている。ここには言葉(文字)に神秘的な力を認める密教の特徴が現れている。さらに仏像、曼荼羅、祖師たちの図像がある。図像については、「密蔵の要、実にここに繫《かか》れり。伝法受法、これを棄てて誰ぞ。海会《かいえ》の根源、これすなわちこれに当たれり」(密教の枢要はすべてここにある。教えを伝え受け継ぐこともこれなしに誰がなし得ようか。すべての教えの根源はまさにここにある)と、空海はその価値を説いているが、これによって象徴的図像の重要性もわかるであろう。

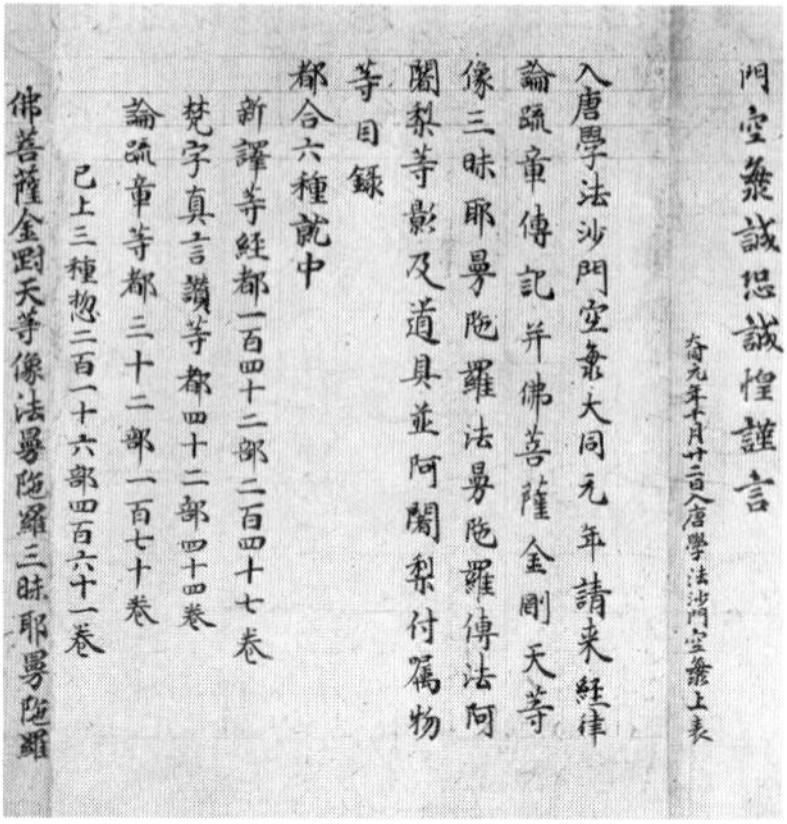
門
空海誠恐誠惶謹言
大同元年十月廿二日入唐學法沙門空海上表
入唐學法沙門空海大同元年請来經律
論疏章傳記幷佛菩薩金剛天等
像三昧耶曼陀羅法曼陀羅傳法阿
闍梨等影及道具幷阿闍梨付屬物
等目録
都合六種就中
新譯等經都一百四十二部二百四十七巻
梵字真言讃等都四十二部四十四巻
論疏章等都三十二部一百七十巻
已上三種惣二百一十六部四百六十一巻
佛菩薩金剛天等像法曼陀羅三昧耶曼陀羅

図9　空海『請来目録』(宝厳寺本)より

リストの最後には、師である恵果から与えられた法具類や袈裟、そして祖師以来の「伝法」を証明する仏舎利などの「八種の物」が挙げられている。これらは、密教の教えが、師のもとに入門し灌頂を授けられた者にのみ明かされるものであることを意味している。この「入門」、「伝法」もまたタントリズムの重要な特徴であって、弟子は入門聖別式を経て、師(グル)と特別な関係をもってはじめて絶対の境地へと至るのである。

伝法の儀式

空海にとっても、この入門聖別式(灌頂)を受けることは極めて重大事であった。以上のような請来物のリストを記し終え、続けて彼は、自分が恵果より受けた付法の経緯について詳しく記録している。

空海は、長安の市中で、恵果に「偶然にして」出会い、「自分(恵果)の寿命は尽きかけているが、法を伝えるにふさわしい弟子がいない。いますぐ香花を準備して灌頂壇に入りなさい」と言われたという。司馬遼太郎の言葉を借りれば、「空海は、インド・中国をふくめた密教発達史上、きわめて得がたい機会に長安に入り、恵果に会ったということになる」(『空海の風景』)が、タントリズムの歴史的展開の上でも、それは司馬が想像していた以上に重大な事態であった。

空海は、すぐに準備を整えて、延暦二四年(八〇五)六月上旬に入門のための灌頂を受ける。密教における伝法の儀式について知ることのできる貴重な歴史的記録である(原漢文)。

六月上旬に学法灌頂壇に入る。この日、大悲胎蔵大曼荼羅《だいひたいぞうだいまんだら》に臨んで、法に依って花を抛《なげう》つに、偶然にして中台の毘盧遮那如来《びるしゃなにょらい》の身の上に着く。阿闍梨(師である恵果)は讃して曰く、不可思議不可思議なりと、再三讃歎したまう。即ち、五部の灌頂を沐し、三密の加持を受く。此従以後《これより》、胎蔵の梵字儀軌を受け、諸尊の瑜伽観智を学す。七月上旬に更に金剛界の大曼荼羅に臨みて、重ねて五部の灌頂を受く。亦た花を抛つに毘盧遮那を得たり。和尚、驚歎したまうこと前《さき》の如し。八月上旬に亦た伝法阿闍梨位の灌頂を受く。この日、五百の僧のための斎《とき》を設けて、普《あまね》く四衆に供す。

(同)

空海は、わずか三カ月にも満たない間に、四度の灌頂の儀式を受け、入門の儀礼から最高位の「伝法」(師から一切の教えを受け継ぎ、自ら師(阿闍梨)となる)の儀礼までを一挙に終えている。そのスピードには驚くが、注目すべきは、この一連の儀礼のなかに、灌頂壇の床に描かれた大曼荼羅を前にして「花を抛つ」儀式が含まれていることである。

この儀式は「投華得仏《とうけとくぶつ》の法」と呼ばれ、今日でも真言宗の寺院で弟子の入門に際して実際に行われる秘儀のようだが、そのままヒンドゥー教のタントラにおいて述べられている入門儀礼の中の行作と同じである。入門者は、投じられた花が落ちた場所に示された本尊(神格)と縁を結び、その名(密号)を受けとることになる。空海が、「遍照金剛」という号をもつのは、毘盧遮那(大日)如来(密号は「遍照金剛」)の上に、彼が投じた花が落ちたからである。空海という個人は、こうして大日如来と一体化する。この儀礼は、個人(個我、魂)が、直接的に絶対者と結びつき、悟りを得て真理の世界へと参入することを象徴的に示している。

ディークシャーのもつ意味

ヒンドゥー教のタントラ儀礼における入門聖別式は、先に触れたようにサンスクリットで「ディークシャー」と言われる。タントラの宗教・宗派に新しく入信しようとする者、あるいは入門して弟子になろうとする者は、このディークシャーの儀式を経たうえで、教義を学びその伝統に参入する資格が与えられる。「灌頂」は、「アビシェーカ」が原語で、直接的には入門者・弟子の頭頂に水を注ぐ儀式をいい、ディークシャー全体の一部であるが、「ディークシャー」と同義に使われることが多い。

先に見たように空海は、四回の灌頂を受けたが、最初の「学法灌頂」と最後の「伝法阿闍梨灌頂」は、先の文章からだけでもその目的はおおよそ理解できるであろう。「学法灌頂」は、入門儀式であって、密教の教え(法)を学ぶ弟子となるためのものである。一方、「伝法阿闍梨灌頂」は、師(阿闍梨、アーチャーリヤ)から教え(法)を受け継ぎ、師となって教えを伝える位につくための灌頂である。

そして、この二つの灌頂の間におかれた胎蔵界と金剛界の両部の「五部灌頂」というのは、大日如来(仏)のもつ五種類の智恵を表す五つの瓶に入った香水を頭上に注ぐ儀式で、これを受けた弟子は、その身のままに仏となることを得ると言われている。ここにおいて、「三密の加持を受く」と言われていることには、注目してよいであろう。「三密加持」とは、先に述べたように、師(仏)の身・口・意のはたらきに感応して、師(仏)と一体化するということである。これはつまり、「五部灌頂」を受けた後、空海はすぐに「成仏」した、悟りを得たということに他ならない。

普通は、仏門に入っても、その後の長い修行を経なければ悟りを得ることはできない。しかし、入門してすぐに悟りを得たと、空海は言っているのである。これが密教の、つまりはタントリズムの特徴である。『請来目録』の末尾で空海も言っているように、密教は悟りを得る速さにおいて最速である(「頓中之頓、密蔵当之也」)。そしてこの速さを保証するのが灌頂の儀式、つまりディークシャーに他ならない。タントリズムにおいては、ディークシャーは単なる入門のための儀式ではなく、それ自体がそのまま入信者を浄化し、変容させ、解脱させるための儀礼である。

タントラにおけるディークシャーについて、シヴァ教の初期のタントラを例にとり具体的に見てみよう。そこでは、「ヴィディヤー・ディークシャー」と「ムクティ・ディークシャー」の二種が言われている。前者はさらに、「サマヤ・ディークシャー」(「戒律(サマヤ)」を授け信徒としての資格を与える儀式)と「ヴィシェーシャ・ディークシャー」(弟子(シヴァの子)となる儀式)の二つに分かれる。

今日でも、高野山では「結縁灌頂《けちえんかんじょう》」と称して、仏と縁を結ぶために、宗旨・宗派を問わず、誰でも受けることのできる灌頂が行われており、「投華」(花ではなく樒《しきみ》の小枝を投げる)の儀式がそこでは中心となっているが、これは「サマヤ・ディークシャー」に該当するものといえる。入門のための儀式であるから、誰でも受けることができるのは当然だが、これを受けた後は、その人は在家の信徒になるはずである。

「ヴィディヤー・ディークシャー」は、もともと、弟子となって師に入門しようとする者のための儀式であったと思われる。それが、一般の信者をも取り込もうとし始めたときに、単なる入門のための儀式としての「サマヤ・ディークシャー」と、さらにその先に進むための「ヴィシェーシャ・ディークシャー」とに分化したと考えることができるだろう。

ヴィディヤー・ディークシャーの「ヴィディヤー(vidyā)」は、呪術、呪文、すなわちマントラを意味するから、本来このディークシャーは、弟子となった者に、マントラを使う特別な力を修得させるための儀式であったと思われる。空海の場合の「学法灌頂」は、また「受明灌頂」とか「持明灌頂」と言われているが、この「明」が意味するのも、呪文、すなわちマントラであるから、おそらくヴィディヤー・ディークシャーに由来する名称であろう。

一方、「ムクティ・ディークシャー」は、「ニルヴァーナ・ディークシャー」とも呼ばれ、涅槃(ニルヴァーナ)、すなわち解脱(ムクティ)のための灌頂儀礼である。弟子は、この儀礼を通じて、解脱することが保証される。

「五部灌頂」は、先に触れたように、大日如来(仏)の五種の智恵を表す五つの瓶に入った香水を弟子の頭上に注ぐ儀式で、これを受けた弟子はその身のままに仏となることを得るとされている。シヴァ教の灌頂儀礼のプロセスにも、五体の神格が配置された五つの水瓶から弟子の頭に水を注ぎ、弟子をシヴァとする儀礼があるから、「五部灌頂」はまさにこれに該当するだろう。

シヴァ教ではさらにこの後、神通力の獲得を望む者は、「サーダカ灌頂」と呼ばれる灌頂を受ける。また師となる者は、「阿闍梨灌頂(アーチャーリヤ・アビシェーカ)」を受けて、師としての法を自分の師から受け継ぐのである。

ディークシャーのこのような種類については、シヴァ教の聖典では、『タントラ・アーローカ』と、『ソーマシャンブ・パッダティ』によくまとめられている。ともに一〇―一一世紀頃の作品で、前者はアビナヴァグプタによって、後者はソーマシャンブによって著された。いずれも浩瀚で、百科事典的・教科書的な性格をもった文献である。

師の役割と弟子の種類

まず『タントラ・アーローカ』を見てみよう。全三二章のうちの一二章がディークシャーを主題としており、最初にディークシャーの性質を扱い、それから種々の形態を論じている。中でも第一五章は、上述の「サマヤ・ディークシャー」を論じて、この作品の最も長い章となっている。『タントラ・アーローカ』については、日本では、高島淳により精緻な研究が発表されているから、ここではそれによりながら、ディークシャーにおける師と弟子のあり方について見ておこう。

タントラの教えが目指すところは二つあるとされる。「解脱(ムクティ、モークシャ)」と「享受(ブクティ、ボーガ)」とである。解脱とは、言うまでもなく輪廻からの解放であるが、シヴァ教の場合は、魂がその束縛から解放されてシヴァ神と一体化することである。また、後者の「享受」とは、現世における欲望の達成であり、そのための神通力の獲得を意味している。

弟子となった者が、「解脱を望む者(ムムクシュ)」であるのか、「享受を望む者(ブブクシュ)」であるのかの違いによって、師は、その望みに応じて、弟子の機根を見極めそれぞれにふさわしい対応をとることになる。人間の魂を束縛しているのは行為の結果としてのカルマ(業)であるが、それには善と悪の違いがあり、その行為がいつ行われたかによって時間的にも過去と未来の違いがある。

解脱は、そのようなすべてのカルマ（業）を消滅させることによってしか実現しないものであるから、師は、弟子の望みと機根を見計らい、どのカルマをいつ消滅させるかに配慮する。弟子には以下のような四種類の区別がある。この区別は、シヴァ教に限らず、ヴィシュヌ教のパーンチャラートラ派でも同じである。

（一）享受を望む者で、世間の法に従う者。現世では世俗に生き、死後にも享楽の生活を望む者。在家の信者。日常的に日課的な儀礼を行い、悪いカルマを消滅させる努力をする者。師は、このような弟子に対しては、ディークシャーにおいて、過去と未来の悪いカルマのみを消滅させる。その結果、来世では善いカルマだけを受けとることになり最終的なシヴァとの合一が約束される。

（二）享受を望む者で、シヴァの法に従う者。現世において神通力の獲得を目指す者。師は弟子の過去と未来のカルマを善悪ともに完全に消滅させる。結果的には、この段階でそのまま解脱ということになるが、望むのは「享受」であるから、このような弟子は、ディークシャーの後で「サーダカ灌頂」を受け、マントラの力を獲得して神通力をもつことになる。

（三）解脱を望む者で、戒律を守る能力がない者。このような者に対するディークシャーが「無種子ディークシャー」と呼ばれる。戒律を守る能力のない者（「子供、凡愚、老人、婦人、富者、病者」と本文は言うが、これは、「バラモンの男性以外」というに等しいだろう）に対して、師は、善・悪・過去・未来のすべてのカルマを除去し、戒を守るという制限を取り去る。このような人々の場合、その後の生活におけるシヴァ神と師への「バクティ（信愛）」によって、その死の時に解脱を得る。

（四）解脱を望む者で、戒律を守る能力がある者。修行者一般を指す。この者には、「有種子ディークシャー」が授けられる。師は弟子の善・悪・過去・未来のすべてのカルマを消滅させるが、戒律を守るという制限を取り去ることはない。ディークシャーの後は、弟子は種々の戒律を守って日々生きていくことによって解脱が保証される。

『タントラ・アーローカ』第一五章において、弟子の種類がおおよそ以上のように述べられているが、特徴として目に付くのは師のもつ支配的な力である。

ディークシャーの本質

自分がなした行為の結果は自分が受けとる。その行為がたとえ前世においてなされたものであってもその結果を別の世において受けとるのは同じ自分である。これが「因果の理法」、カルマ（業）といわれるものである。そして、過去になされた行為の結果を受けとってそれを享受し尽くせば、その結果そのものは無くなるが、そこではまた新しく何らかの行為を行っているから、結局その新しくなされた行為の結果を別の時に受けとらなければならない。このような因果の連鎖は結局は途切れることがないから、人は輪廻し、生存の苦しみを経験し続けることになる。

では、どうすればそのような苦しみから逃れられるのか。インドの宗教や哲学の多くが最終の目的としたのは、このような生存の苦しみからの解放としての「解脱」であった。あるものは、行為しなければ結果が生まれることがないと考えて、一切の行為の静止・放棄を目指した。またあるものは、苦行によってそのような苦の原因である汚れを取り除こうとした（苦行主義、ジャイナ教）。精神集中によって身体の諸機能をコントロールすることで解脱を得ようとした者もいる（ヨーガ）。苦の原因は無知であると考えて、真理を認識し悟りを得ることによって解脱できると考えた者もいた（仏教、ウパニシャッド、ヴェーダーンタ学派）。熱烈な帰依によって神の恩寵による解脱を望んだ者たちもいた（バクティ運動）。これらについては、これまでの講義で見てきた通りである。

そして、タントリズムの場合は、シヴァ教でもヴィシュヌ教でも、神との合一を儀礼によって獲得することで解脱しようとするのである。そして、入信者（弟子）を解脱させるための儀礼として重要なのがディークシャーである。ディークシャーの本質について、高島は、別のところで、次のように適確に指摘している。

タントリズムのディークシャーの本質は、シヴァを最初の師(グル)とする師資相承を通じて伝えられた神の恩恵の力によって神との一体化を達成する力を得たグルが、自ら神と一体化した状態で、その神的力の恩恵によって、通常の人には一人では不可能な神との合一を弟子に体験させ、段階的なディークシャーによって最終的には一人で神と合一できるようにさせることなのである。

(『宗教研究』二五一号「書評と紹介」欄)

シヴァ教の聖典には、「神となって神をまつるべきである。神でない者は神を礼拝してはならない」、あるいは「シヴァとなってシヴァをまつるべし」という言葉が、あちこちに出てくる。シヴァだけがシヴァを礼拝することができ、神だけが神を崇めることができるというのである。つまり、シヴァを礼拝するためには、シヴァとならなければならない。ディークシャーは、この「シヴァとなる」ための儀礼に他ならない。

あるいは、シヴァである師が弟子を「シヴァとならせる」ための儀礼と言ったほうがよいかもしれない。なぜなら、すでにシヴァとなった師の導きがなければ、弟子はシヴァにはなれないからである。ここで高島が言っているのはそのことで、シヴァ教における師と弟子の間には、シヴァ神を最初の師とする師資相承の伝統がある。もちろん、「シヴァであること」、「シヴァとなること」には、先にも触れたように、神と魂(個我)の同一関係に関する原理的な困難が含まれているが、それについては次講で見ることにしよう。こうして、ディークシャーを通して一度シヴァとなった者は、その後は、日常的な礼拝(プージャー)の中で、「身体浄化の儀礼」(アートマ・シュッディ、ブータ・シュッディ)によって、自分の身体をシヴァの身体へと変成することで、常にシヴァとなってシヴァを礼拝することができるようになるのである。

ディークシャーの過程

では、ディークシャーの過程はどのようなものか。基本的な原理と構成はどれもほぼ同じである。ここでは、上述の『ソーマシャンブ・パッダティ』の「サマヤ・ディークシャー」の章に基づいて示しておこう。

タントラの儀礼で重要な役割を果たすものに、「マントラ」と「ムドラー」がある。まず、「マントラ」は、ここまでにも触れたように密教でいう「真言」である。呪文としての音声であり、実際に発せられることもあれば、内的に呟かれる場合もある。それはまた、発せられることによって実体化する神の力でもある。一音からなるものもあれば神の名を表す定句もあるが、それぞれは宇宙論的な階層構造の中で象徴的に位置づけられている。具体的には、巻末の参考資料「シヴァ礼拝のプージャー」を見ていただきたい。また、「ムドラー」は、「手印」と訳されるが、手指の象徴的な動きと身振りによって礼拝者の意図を表現するものである。

ディークシャーの過程は以下のようになっている（各文末のカッコ内の数字は対応する詩節番号。文頭の番号は便宜的に付けたもの）。

（一）師は準備のための浄化儀礼を行う。ディークシャーのための道場（マンダパ）が設けられる。

（二）師は、自分自身の身体の上にシヴァの身体の各部分をニヤーサ（念置）し、シヴァと一体化して、「私はシヴァである」と、神と自らの同一性を念想する。師は、根本呪（ムーラマントラ）によって神聖化された白布（ウシュニーシャ）を頭に付け、塗香・上下の衣・装飾品で身体を荘厳し、自分の右手のひらにマンダラ図形を描き、「シヴァの手」とする。その手を、シヴァ・マントラを唱えながら、自分の頭に置き、「私はシヴァである」と念想する。

（『ソーマシャンブ・パッダティ』「サマヤ・ディークシャー」章、二三―二六）

ここまでは、まだ、弟子の入信のための儀礼は始まっていない。先に言ったように、ディークシャーは、シヴァとなった師が弟子を入信させる儀礼であるから、師がシヴァとなることが、まず重要である。この後、浄化とプージャーと火への献供（ホーマ）が続く（第二九―九四詩節）。それらを終えて、いよいよ弟子に対する儀式が始まる。

(三) シヴァの認可を得た師は、「私はシヴァである」と念想して、道場から出る。道場の外で、マントラを唱えてマンダラを描き、そこに座を設置して弟子を立たせる。弟子は、沐浴をして白い衣を付けている。弟子が解脱を望む場合は、北に顔を向けて真っ直ぐに姿勢を保って立っている。享受を望む場合は、顔を東に向けている。師は、弟子を、シヴァの恩恵のこもった目で見つめて、その機根を吟味する。解脱を望む者には、足の先から頭頂までの順番で、享受を望む者には、逆に頭頂から足先までの順番で見ることによって。 (九五―九九)

(四) 師は、弟子を、水で浄化する。 (一〇〇―一〇二)

(五) 諸々の束縛を解除するために、師はマントラを唱えて弟子の身体各部に触れる。師は、弟子の身体に、シヴァを、シヴァの身体構成要素とともに、そして座とともにニヤーサ(念置)する。 (一〇三)

(六) 師は、弟子に、花々などをもって礼拝し、マントラを唱えながら、マントラで聖別された白い布で両目を目隠しする。右回りで弟子を道場に入場させ、シヴァ神の南側(右側)に坐らせる。 (一〇四―一〇五)

(七) ムドラーとマントラによって、師は、弟子のアートマンを自分の心臓の蓮華の内に閉じ込める。弟子の身体を浄化して、ニヤーサ(念置)を行って、弟子を礼拝する。 (一〇六)

（八）師は、東を向いている弟子の頭に、ムーラマントラ（根本呪）を唱えながら、「シヴァの手」を置く。「シヴァの手」は、弟子をルドラ（シヴァ）の住処へ行かせるものである。（一〇七）

（九）シヴァに対する熱烈な帰依の感情を引き起こすこのシヴァの手を置いた後で、弟子の目を覆っていた白い布をはずしながら、シヴァのマントラを唱えて、シヴァ（マンダラ）の上に花を投げさせる。（一〇八）

（一〇）花が落ちたマンダラの区分に当たるマントラなどを選びながら、師は、弟子の名前を決定する。「シヴァ」、「デーヴァ」、「ガナ」といった語句が後につく名前が与えられる。（一〇九）

（一一）師と弟子が脈管（ナーディー）を通じて合一化したことを象徴的に示すために、一本のダルバ草によって、弟子の右手のひらと師のすねをつなぐ。師は、マントラを唱えながら、息を吐き出し、弟子の心臓に入り込む。それから、息をゆっくりと吸い込みながら自分の心臓の蓮華へと［弟子の心臓を］引き入れる。同様に、師は、シヴァの脈管と自分の脈管を一体化しなければならない。この合一を達成するために、フリダヤ（心臓）マントラを唱えて三回の献供を行う。（一一一―一一四）

（一二）「シヴァの手」を堅固にするために、ムーラマントラを唱えながら、師は、火への献供を一〇〇回行う。このように、サマヤ・ディークシャーを受けたとき、弟子にはシヴァ信仰を完成するための資格が与えられる。（一一五）

ディークシャーの過程はおおよそ以上である。これだけでは具体的なイメージがつかみにくいかもしれないが、弟子を入信させ聖別する儀礼として重要な要素はすべて述べられている。おそらく空海が受けた灌頂儀礼も同じようなものであっただろう。特に、(九)(一〇)は、先に触れたように「投華得仏の法」そのままである。さらに、ここに見た儀礼には二つの重要な要素が見られる。「ニヤーサ」と「シヴァの手」である(傍点部)。

ニヤーサ（念置）と「シヴァの手」

まず(二)(五)(七)の「ニヤーサ」は、シヴァ教の体系において最も基本的な儀礼行為のひとつで、諸世界を象徴するマントラを、あるものの上に、念を込めながら指で触れて置いていくものである。ここでは「念置」と訳してみた。それを行う者は、そのマントラによって表象されている神の姿を念想しながら置くからである。こうしてマントラを置かれたもの、あるいはそのものの部分は、マントラの実体に変成することになる。ここにはなにかしら呪術的な観念のはたらきがあるように思われる。この「ニヤーサ」の具体的な行作については、巻末の参考資料を見ていただきたい。

「シヴァの手」もまた同様に呪術的なものを思わせる。おそらくこの儀礼の中に残る古い要素であると思われるが、マンダラが描かれマントラによって聖化された「シヴァの手」が、自分の頭や弟子の頭の上に置かれるとき、シヴァの力が直接に降下してくると考えられている。それは、「シヴァの手」が置かれたことによって、その者には、シヴァの住処の高みに昇った意識や、熱烈な帰依の感情が引き起こされると言われていることからも想像がつく。「シヴァの手」は、「シヴァの恩寵の力の降下（シャクティ・パータ）」として解釈されることになり、それはまたバクティの観念とも深く関係することになる。

最後に、この「シヴァの手」にはなにか憑依現象を思わせるものがあるが、それに関連して付け加えておくならば、空海の『請来目録』に記載される密教経典の中に、『速疾立験摩醯《そくしつりゅうけんまけ》首羅《しゅら》天説迦《てんせつか》楼羅《ろうら》阿尾《あび》奢法《しゃほう》一巻』がある。「その霊験がたちまちにして現れる摩醯首羅天（マヘーシュヴァラ、すなわちシヴァ）が説いたガルダの憑依儀礼」が、このタイトルの意味である。「速疾」が、空海の「即身成仏偈」の一句である「三密は加持して速疾に顕れる」を思い出させるが、この経典は少女を憑代《よりしろ》にしてシヴァを憑依させることを内容とするもので、完全にシヴァ教の儀礼に由来する経典である。タントリズムには、こうした秘儀的・呪術的な要素が多数含まれている。空海の密教に対するシヴァ教タントリズムの影響は、われわれが想像する以上に深いのかもしれない。

第 8 講

シヴァ教の歴史

神・魂の二元論と一元論

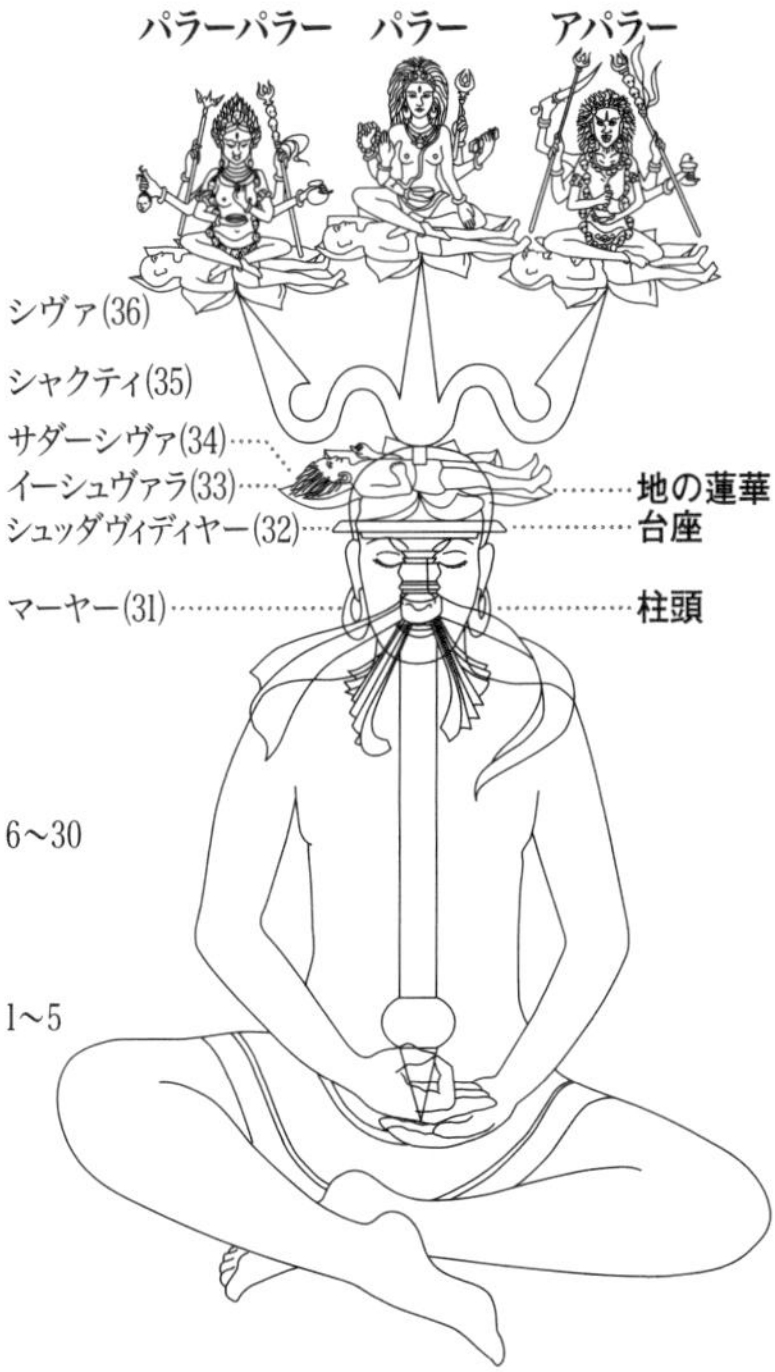

内的礼拝のイメージ(数字は原理の番号，198 頁参照)

シヴァ教儀礼の広がり

空海の入唐《にっとう》から数えて一一六八年後の一九七二年、第二回国際道教学会に参加するために来日したミシェール・ストリックマン(一九四二―一九九四)は、パリに帰る前の二週間を京都で過ごす予定でいたが、結局そのまま京都に五年間滞在し続けた。彼は、中国におけるタントラ的仏教を論じた著書の序文で次のように述べている。

中国ではタントラ(密教)的な仏教がかつて盛んであったということを、私は知っていた。そして、当然のことながら、それが日本に伝えられていたことも知っていた。しかし、どんな本も、日本ではその伝統が生きていて、私がそれに遭遇するだろうということを教えてはくれなかった。日本では、このような仏教が現に生きているということは秘密でもなんでもなくて、日本人なら誰もが知っていることだった。「密教」は、日本の宗教史のどんな教科書にも出てくる。だから、私が受けたショックは全く個人的なものでしかない。しかし、一三〇〇年以上も前に書かれた中国の種々のテキストを通じて知っていたあれこれの儀礼が、突然私の目の前に実際に現れたのだ。それらの儀礼の内に、中世の中国文化の一部としてあったもの、しかしずっと前に中国の風景からは消えてしまったもの、そのような諸々の行作や服装やイメージを、私は目の当たりにすることができたのである。

(*Mantras et mandarins. Le bouddhisme tantrique en Chine*, pp. 9–10)

密教が生きている。それを知ってストリックマンはそのまま京都に留まった。彼は、京都に来る前の四年間、パリの高等研究院でチベット密教について学んでいたから、アジアにおけるタントリズムの広がりについて知らなかったわけではない。その彼にして、日本において「密教が生きている」こと、しかも密かにではなく公然と生きていることを目の当たりにして仰天したと言っているのである。

前講で、空海が長安で恵果に会いその法を継いだことは、タントリズムの歴史的展開の上で極めて重大な事態であった、と私が言ったのは、このことである。中国ではすでに消滅していたタントラの儀礼が、日本で現に生きているということは、空海の入唐なしには、あり得なかったことである。そして、ストリックマンは次のように言う。

中世シヴァ教の聖典(アーガマ)と中世仏教の聖典(タントラ)は、同じひとつのものを別々に編集した単にヴァァージョンが違うだけのものである。……このような類似の儀礼の主要部分は、中世シヴァ教徒と中世仏教徒によって共有されていただけではなかった。モンゴルからバリ島まで、カシミールから日本までの現代の後継者たちに見られる共通の特徴でもある。

（同 p. 24）

タントリズムが「汎インド的」、「汎アジア的」な広がりをもっていたことは、前講で触れたように、エリアーデも言っていた。その実際の広がりを、ストリックマンは、儀礼という目に見える形で確かめることができたのである。

シヴァ教儀礼の衰退

ストリックマンが京都に滞在して密教儀礼の研究をしていたちょうど同じ時期、いまやシヴァ教研究の第一人者となっているアレクシス・サンダーソンは、インド北西部のカシミールにおいて、シヴァ教最後のグル（師匠）と言われたスワーミー・ラクシュマン・ジュー（一九〇七―一九九一）に入門してシヴァ教の聖典を学んでいた。一九七二年から一九七七年のことである。先の引用では、ストリックマンは、カシミールではシヴァ教儀礼がまだ行われているかのように書いていたが、サンダーソンが実際に経験したのは、シヴァ教の儀礼の典型とも言うべきディークシャーの儀礼がもはや消えてなくなっていたという事実であった。彼は次のように述懐している。

私が、スワーミー・ラクシュマン・ジューの指導の下で、シヴァ教について学んだとき、彼の専門的な知識は確かに偉大なものであったが、現存する文献の中で儀礼を論じる部分、たとえば『タントラ・アーローカ』ではそれは全体の半分にもなるが、そこに彼の知識が及ぶことを期待することは出来なかった。このことは、アビナヴァグプタの思想とそれに関連する諸体系を、その全体において理解しようとしている者にとっては残念なことであった。なぜなら、儀礼は、『タントラ・アーローカ』の中で強調されているように、シヴァ教の諸伝統を基本的に構成してきたものだからである。実際、インドにおけるシヴァ教の中心的な考え方に従えば、儀礼は、その宗教の他のすべてのあり方を支えている基盤であると言うことができるであろう。

(Swami Lakshman Joo and His Place in the Kashmirian Śaiva Tradition)

かたやストリックマンははからずも日本で密教の儀礼に出会い、かたやサンダーソンは実際に学べると思っていたシヴァ教の儀礼に出会うことが出来なかった。シヴァ教の儀礼は、その地理的な広がりからも想像がつくように、一時は国家的な保護を受け、王の即位儀礼のような公式儀礼として採用されたりもした。それほどの隆盛を誇り、広がりをもっていたシヴァ教の儀礼が、その中心地であったはずのカシミールにおいてすでに廃れていたのである。

そこで、なぜそうなったのかという問いを立て、検討したサンダーソンは、シヴァ教の儀礼が一三世紀には北インドからほとんど消えてしまっていたという事実を確認する。そして、残されている大量の写本や碑文を徹底的かつ綿密に調査研究することによって、北インドにおけるシヴァ教典籍の歴史を明らかにしたのであった。それは今世紀に入って、シヴァ教研究を飛躍的に発展させる原動力となっている。以下ではそうした彼の仕事も参考にしながら、始まりから衰亡に至るまでの北インドにおけるシヴァ教の歴史を述べることにしよう。

シヴァ教の成立とプラーナの中のシヴァ教

特定の教義と実践の体系をもった宗教として「シヴァ教」が成立するはるか以前から、シヴァ神への信仰そのものはすでに始まっていたと思われる。インダス文明のモヘンジョ・ダロの遺跡から発掘された印章の中には、パシュパティ(獣主)としてのシヴァ神を思わせる像が見られるし(第1講図2)、『リグ・ヴェーダ』には、狂暴にして慈悲深いルドラ=シヴァへの讃歌が歌われている。すでに第5講において見たように、ウパニシャッドには、唯一神としてのよりはっきりとした輪郭をもったシヴァの姿も現れている。『シュヴェーターシュヴァタラ・ウパニシャッド』では、シヴァ神は、やはりルドラと呼ばれており、またブラフマンと同一視され、「バガヴァット(尊者)」とも「ハラ」とも呼ばれていた。そこに描かれているのは、宇宙創造の根源としての最高神であり、しかも創造を超越した絶対者の姿であって、その恩寵によって魂を救済し、輪廻から救い出す神の姿である。ここには、確かにシヴァ神への信仰の兆しがある。

このことから見て、シヴァ信仰の伝統が始まったのは、前二〇〇年頃であろうと考えられる。また、前一五〇年頃に成立したパタンジャリの『大注解書(マハーバーシュヤ)』には、「鉄の槍」が「シヴァ信徒(シヴァ・バーガヴァタ)」の印として挙げられているから、この頃にはシヴァ信仰が間違いなく成立していたと考えられる。

グプタ朝の時代(三二〇―五五〇頃)になると、各種のプラーナが作られ始める。「プラーナ」とは「昔の出来事」を意味し、土地の神話や説話、信仰儀礼、習慣、寺院や神像の由来、巡礼地の縁起など雑多な内容を含んだ文献群で、日本でいえば「風土記」のようなものである。第6講で見た『バーガヴァタ・プラーナ』のように、神像に対する礼拝の仕方などが具体的に語られており、シヴァ神やヴィシュヌ神に対する当時の人々の信仰の様子を知ることができる。その一方で、ヴェーダの伝統に基づくバラモン主義的な社会規範を教える「スムリティ」(聖典)としての役割もそれはもっていた。一〇世紀頃には現形が完成していたと思われるが、成立の時期が異なる様々な層から構成されているものが多い。

プラーナの多くはヴィシュヌ神を主役にしているが、シヴァ信仰について語るプラーナもある。そこでは、シヴァ神に関する神話や宇宙論とならんで、リンガ(シヴァ神の象徴)を寺院内に設置す

図 10　リンガへの礼拝
（上：マハーラーシュトラ州カールラー石窟，下：ヴァーラーナシーの寺院）

る際の儀式や礼拝に関する記述もあって、今日の民間信仰におけるのと同じようなシヴァ信仰の様子が見られる。ただし、そうしたプラーナの中で正統的なものとされているのは、ヴェーダの伝統を守るいわば「保守的な」シヴァ信仰である。シヴァ神に対する日常的な礼拝も、ヴェーダの家庭祭式に則った形式で行われている。他方、そのプラーナの中で、伝統的・正統的シヴァ信仰の立場から、非ヴェーダ的な「異端」のシヴァ信仰の者たちとして非難されているのが、「パーシュパタ派」や「カーパーリカ派」である。

この派の者たちは、玄奘《げんじょう》(六〇二―六六四)の『大唐西域記《だいとうさいいきき》』でも、「塗灰外道」や「髑髏外道」と呼ばれて異形の苦行者として描かれているが、やがてタントラ的なヒンドゥー教の宗派として勃興してくるシヴァ教の諸派である。第1講で言ったように、伝統的・正統的なシヴァ信仰を「プラーナのシヴァ教」あるいは「スマールタ派(スムリティであるプラーナに基づく伝統保守派)のシヴァ教」とすれば、それによって異端とされたシヴァ教の諸派を「非プラーナのシヴァ教」と呼ぶことができる。

「シヴァ教の時代」

この「非プラーナのシヴァ教」が発展した時期(五―一三世紀)を、サンダーソンは、「シヴァ教の時代」と名づけている。それ以前は、古来のバラモン主義の体系によって形づくられていた王室の祭式や礼拝の儀礼が、この時期になって、王の庇護のもとに、シヴァ教タントリズムの知識体系に基づいて作りかえられたからである。それは、タントラ的なシヴァ教の社会的・文化的な影響力が大きくなったことを意味するが、同時に、本来は反ヴェーダ的であったシヴァ教の神学を社会的な制度の枠組みに近づけることにもなり、シヴァ教がいずれはヴェーダの伝統の内へと取り込まれていく第一歩でもあった。

「非プラーナのシヴァ教」は、九―一〇世紀になると、その特徴にしたがって、「超越道(アティ・マールガ)」と「マントラ道(マントラ・マールガ)」の二つに分類されることになる。古くから存在したパーシュパタ派やカーパーリカ派が「超越道」に分類されるのに対して、そこから発展して新しく起こってきた派は「マントラ道」に分類されている。

超越道とマントラ道の両者はともに、シヴァによって説かれた教えを聖典とし、解脱、すなわち「シヴァとなる」ことを目指すという点では同じである。また、マントラを用いて儀礼を行う点でも同様である。しかし、超越道のパーシュパタ派では、修行者になることができるのは出家したバラモンの男性だけであったのに対して、マントラ道では、ディークシャーによってすべての者(出家者だけでなく在家者・家長も、また生まれも性別も関係なしに)が「シヴァになる」ことができるとされた。また、超越道は「解脱」だけを目的とするのに対して、マントラ道は解脱だけでなく「享受」(神通力の獲得)をも目的とするとされている。われわれが前講で見たタントリズムのシヴァ教は、このマントラ道のシヴァ教にほかならない。つまり、超越道では、修行者はもっぱら苦行(ヨーガ)を実践するが、マントラ道では、前講で見たように、ディークシャーを経て「シヴァとなり、シヴァを礼拝する」資格を得た後は、日常の礼拝(プージャー)を大切にして生活することになる。この点で、前者が、死に向かって修行し続ける道だとすれば、後者は、現世において善く生きた後で解脱することを目指す道だと言える。

「シヴァとなる」とは

では、「シヴァとなって、シヴァを礼拝する」とはどういうことなのか。シヴァと信者、シヴァと魂(個我)が存在するとして、その両者がどのような状態になれば「シヴァとなった」と言えるのか。この問題をここで考えておこう。

前講において、「神と「同一になる」のか、それとも神と「同一である」のかは、神と魂(個我)の関係をどのようにとらえるかというヒンドゥー教の神学上の重要問題である」と予告した問題である。これについては、シヴァ教の思想家サディヨージョーティス(六七五—七二五頃)が、解脱論のなかで次のような議論の枠組みを与えてくれている。

(一) 転移説　神の諸特性・能力が解脱した者に転移される

（二）憑依説　神が憑依して解脱した者の内に入り込む
（三）生起説　神の諸特性・能力が解脱した者の内に生じる
（四）開顕説　神の諸特性・能力が解脱した者の内で開顕する

ラーマカンタ（一〇世紀後半）によれば、転移説を唱えたのはパーシュパタ派、憑依説はカーパーリカ派、生起説はカーラムカ派で、これらは超越道に分類される古派である。これに対して、開顕説を説くのが、マントラ道の新しいシヴァ教派であるシャイヴァ・シッダーンタ派である。「開顕説」とは、魂に潜在的に存在している神の特性が、ディークシャーによって解脱した者の浄化された身体の内で顕在化するという考えである。ただ、問題のポイントはこの説明にあるのではない。問題は、なぜこのような説明をしなければならなかったかである。

二元論のシヴァ教

右のいずれの説を見てもわかるように、ここで問題になっているのは、神と人間あるいは魂という本来別個のものがどうして同一になり得るのかということである。（一）〜（三）は、おそらく注釈者が分類のために当てはめただけのもので、実際にこれらの派がそのような主張をしていたかどうかは不明である。しかし、（四）は、初期のシャイヴァ・シッダーンタ派の思想家であったサディヨージョーティスが自派の説として主張し、同派のラーマカンタがそれを説明しているのだから、この派の説であることは間違いない。

シャイヴァ・シッダーンタ派は、これまで日本では、「聖典シヴァ派」とか「シヴァ聖典派」という言い方で紹介されてきた。本講でも以下では慣例に従って「聖典シヴァ派」と言うことにするが、その名の正確な意味は「シヴァ教の究極の教えを奉じる派」である。

さて、聖典シヴァ派は、シヴァと魂は、存在論的には絶対的に別個の存在であるとする二元論に立つ学派である。したがって、「シヴァとなる」ということが、シヴァと一体化する、「ひとつになる」ということを意味することはあり得ない。ただ、この派の者が望むのは、解脱して「シヴァと等しい状態」に到達することである。解放された魂は、シヴァとは別個の存在であるが、シヴァとしての属性・能力のすべてを具えたものになるのである。

どのようにしてそうなるのか。礼拝者の魂は、日常においては物質的な不浄の身体の内にある。そこでまず「身体浄化の儀式」を行い、身体から不浄な物質要素を取り除き、マントラによって「神的な身体」へと作りかえる。この過程については、前講の終わりで見た通りである。こうして、ディークシャーを体験して一度シヴァとなった者は、その後は、日常的な礼拝(プージャー)の中で、巻末の参考資料に見るようなプロセスで、自分の身体をシヴァの身体へと自由に変成させ、常にシヴァとなってシヴァを礼拝することができるようになる。

主と家畜と索縄の三原理

聖典シヴァ派の二元論の考え方によれば、シヴァと魂だけでなく、身体とその周囲の世界も実在である。そこでは、世界を構成する基本要素として、主（パティ）と家畜（パシュ）と索縄（パーシャ）の三つの原理が立てられる。

（一）主とはシヴァ神であり、全知全能の創造者である。ただし、動力因であって質料因（物質）ではない。

（二）家畜とは魂である。シヴァと等しい属性・能力を潜在的にもつ精神的存在であるが、世界に巻き込まれ束縛されているので、その能力は覆われている。

（三）索縄とは束縛を形づくっているものである。精神的でもあり物質的でもある。それは「汚れ（マラ）」であり、また身体を生じさせる「カルマ」でもある。それはまた世界と身体を作り出している原物質としての「マーヤー」でもある。

こうして、この派においては、束縛された魂がシヴァによって解放されることが「解脱」である。そして、それは、神の恩寵のはたらきであると考えられたのであった。それは「神の力の降下（シャクティ・パータ）」と呼ばれている。そもそも人が解脱したいと思い、師（グル）を捜すことからして、神の恩寵のはたらきに他ならない。また、人が「シヴァとなる」のは、本来的に「シヴァの手」のはたらきである。シヴァとなってシヴァを礼拝する儀礼行為は、まさにそこにおいてシヴァの恩寵がはたらく場所であり、それによってしか解脱はあり得ない。

一元論のシヴァ教

二元論の聖典シヴァ派に対して、同じシヴァ教であっても、神と魂と世界の一元論を唱えたのが、カシミールのシヴァ派である。この派を代表する思想家アビナヴァグプタ（九七五―一〇二五）は言う。「実に、真正の知を本性とする知識（ヴィディヤー）が、直接的に解脱をもたらす」（『タントラ・アーローカ』）と。ここでは、魂に付着する「汚れ」は実体ではなくて、「不完全で不正確な認識（アジュニャーナ）」である。不完全な認識は、真正の認識が生じれば、必ず排除されるから、真正の認識こそが解脱をもたらすことになる。このような真正の認識が生じるのは、シヴァの恩寵による以外にないと言われている。つまり、究極的な実在であるシヴァ神が、真正の認識として内的に立ち現れてくるのが、解脱なのである。そしてここで働くシヴァの恩寵が、「シャクティ」の現れに他ならない。

「シャクティ」（力）は、タントリズムにおける最も重要な概念と言ってよい。それは一切万物の原動力を意味するが、この語が女性名詞であることから女性力としてイメージされ、シヴァ神のパートナーとして神格化されている。それゆえタントリズムに性的なイメージを常にまとわりつかせることになる。聖典シヴァ派においては、この「シャクティ」は、抽象的な概念にとどまっていた。しかし、その「シャクティ」が、シャークタ派（つまりは「シャクティ崇拝派」）においては、女神のすがたをとって「力」として圧倒的な支配力をもち、男性神であるシヴァの性的なパートナーとして現れてくる。それゆえ、シャークタ派の宗教実践はしばしば「左道」とされ、聖典シヴァ派の「右道」と対比されてきた。

シャークタ派の中では、カーリー女神崇拝の伝統が、九世紀頃のカシミール地方においては強くなっていた。そして大変興味深いことに、この逸脱性の強い勢力と、伝統的な聖典シヴァ派の思想が出会って結びついたところから、カシミールのシヴァ派に属する一元論の思想家たちが生まれてくる。「神と魂の合一」を二元論に立って考えれば、そこには常になにかしらの性的なイメージがつきまとうが、それを内面化し、過激な逸脱性を見えなくして一元論とすることによって、アビナヴァグプタをはじめとするこの派の思想家たちは自分たちの教義を哲学的に体系化していった。

そのなかでもアビナヴァグプタはこの時期を代表するインド最大の思想家である。大著『タントラ・アーローカ』を著して、この派の哲学体系の全体を明らかにしただけでなく、シヴァ教聖典への注釈書を作り、さらには詩学や美学の分野でも著作を残している。

この派の成立については次のような話が残されている。創始者のヴァスグプタ（九―一〇世紀）は夢にシヴァ神を見る。カシミールにあるマハーデーヴァ山に行き、その岩に刻まれている『シヴァ経』を見よとのお告げを受ける。この『シヴァ経』が一元論を説くこの派の所依の経典となったという。その後、ソーマーナンダ(一〇世紀前半)が『シヴァの識見』を著して一元論の神学の基礎を築き、その弟子のウトパラデーヴァ(一〇世紀)に至って学派の体系化が行われ、その伝統を引き継いだアビナヴァグプタによって学派の完成に至った。この派はまた「再認識派」とも呼ばれる。シヴァ神との同一性を再認識することこそを解脱(究極の目的)とするからである。

図 11　踊るシヴァ神(チョーラ朝，12 世紀．ニューデリー国立博物館蔵)

宇宙論

ここで、シヴァ教の宇宙論について見ておきたい。われわれはこれまで、ディークシャーの儀礼とそれによって実現される解脱についてのシヴァ教の考え方を見てきたが、儀礼と解脱論の背後には、それを生み出し支えている宇宙論がある。

シヴァ教によれば、シヴァには、宇宙を動かす五つの根本的な活動がある。「恩寵」「隠覆」「帰入」「維持」「発出」の五つである。このうち、恩寵は、束縛からの魂の解放を保証するものであり、

表4　36原理(タットヴァ)一覧

36原理(タットヴァ)は世界の構成要素である．諸原理は，それらの実体的な原因物質である「マーヤー」と「マハーマーヤー（超原理)」から発出し，またその内に帰入する．発出と帰入は，系を構成する諸原理の間で様々に起こる循環運動であって，36の原理が単線的に連続するのではない，これは，サーンキヤの25原理に，シヴァ教の原理として新たに11を加えただけのものである．

36	シヴァ	Śiva		
35	シャクティ	Śakti		
34	サダーシヴァ	Sadāśiva	(永遠のシヴァ)	
33	イーシュヴァラ	Īśvara	(主宰神)	
32	シュッダヴィディヤー	śuddhavidyā	(清浄知)	
31	マーヤー	māyā	(物象化原理)	
30	カラー	kalā	(限定された能力の原理)	[五つの鎧]
29	ヴィディヤー	vidyā	(限定された知性の原理)	
28	ラーガ	rāga	(愛着原理)	
27	ニヤティ	niyati	(決定性原理)	
26	カーラ	kāla	(時間原理)	
25	プルシャ	puruṣa	(精神原理)	
24	プラクリティ	prakṛti	(物質原理)	
23	ブッディ	buddhi	(理性原理)	
22	アハンカーラ	ahaṃkāra	(自我意識，個体化原理)	
21	マナス	manas	(意識，思考器官)	
20	聴覚作用／器官	śrotra		[五知覚器官]
19	触覚作用／器官	tvak		
18	視覚作用／器官	cakṣus		
17	味覚作用／器官	rasana		
16	嗅覚作用／器官	ghrāṇi		
15	発声作用／器官	vāk		[五行為器官]
14	把捉作用／器官	pāṇi		
13	排泄作用／器官	pāyu		
12	生殖作用／器官	upastha		
11	歩行作用／器官	pāda		
10	声	śabda		[五微細要素]
9	触	sparśa		
8	色	rūpa		
7	味	rasa		
6	香	gandha		
5	空	ākāśa		[五粗大要素]
4	風	vāyu		
3	火	tejas		
2	水	jala		
1	地	pṛthivī		

隠覆は、束縛された魂から諸物の本性を覆い隠すものである。他の三つの活動は、インドの伝統的な宇宙論に見られるもので、根源的一者と現象界の間の永遠の往復運動のそれぞれの状態である。維持は、安定的な世界の状態である。それに対して発出と帰入は、シヴァが作り出す宇宙のダイナミックな運動そのものである。

発出と帰入は、宇宙を成り立たせている二つの原理的な運動と言うことができる。世界の根本的な構成要素である三六の原理(タットヴァ)の間で様々に起こる循環運動である。タットヴァは、それらの実体的な原因物質である「マーヤー」と「マハーマーヤー」から発出し、またその内に帰入する。シヴァ教の宇宙論において、マーヤーは物質的な存在としてシヴァとは別の実在である。シヴァは、創造の始まりにおいて、マーヤーに、段階的にタットヴァを放出させる。マーヤー自体は微細であるが、マーヤーから生まれてきた諸々のタットヴァは、五つの粗大な物質的な要素になる。このようにして個別化されたタットヴァは、相互に関係しながらわれわれの世界を構成する。逆に、帰入のときには、それぞれのタットヴァは、原因であるマーヤーへと再び戻り、そのうちへと再統合される。

発出は高から低への下降運動としてイメージされる。あるいは、中心から周辺への放射運動である。それはまた微細から粗大への運動でもある。他方、帰入は、逆に、上昇運動であり、中心へと向かう収束運動であり、粗大から微細への運動である。

そして、このような宇宙の運動を、象徴的な行為として再現するものこそが、儀礼であった。先に見たディークシャーやプージャーは、儀礼行為の内にこの宇宙の発出と帰入の運動を表象しているのである。二元論をとる聖典シヴァ派は、この運動を儀礼行為として実際に演じることによって、シヴァを礼拝していると考える。他方、一元論者のアビナヴァグプタは、自分の身体の内に、発出と帰入の運動を明瞭にイメージすることによって、真正なシヴァの認識に近づこうとする。本講扉の図版は、内的な礼拝(瞑想)において、自分の身体の内に三女神をイメージして一体化することを示すマンダラ図で、アビナヴァグプタの『タントラ・アーローカ』に基づいている。

南インドのシヴァ教

さて、一元論のシヴァ教の話に戻ろう。アビナヴァグプタに代表される一元論のシヴァ教が、二元論の聖典シヴァ派に与えた影響は大きかった。一元論の思想は、言ってみれば儀礼ぬきの認識による神秘的合一の思想である。儀礼を通じてしか神との一体化を実現できない二元論を、それはしりぞけることになった。その結果が、ディークシャーの儀礼の軽視であった。そしてそれがタントラ儀礼の消滅をまねくことになった。こうして、二元論の聖典シヴァ派は、一三世紀を境に、カシミールの地から姿を消した。

しかしながらそれによって聖典シヴァ派がインドから消えたわけではない。それは、南インドへと伝わり、その頃すでに隆盛であったタミルにおけるバクティ運動と結びついて、そこに根を下ろし広がっていくことになる。聖典シヴァ派の南インドにおける定着がいかに成功したものであったかは、その後の歴史が明らかにしている。南インドでは、シヴァ教の大寺院が次々と建てられ、この派の聖典は、大寺院における礼拝用の典籍として重んじられ、タミル語で唱われるシヴァ讃歌とともに根本聖典として認められるものとなった。

しかも、もともと二元論であった聖典シヴァ派は、南インドへと移ってからは、当時勢力を拡大しつつあったヴェーダーンタ哲学の「不二一元論」の影響を受けて一元論化してしまう。これについては、最後の第10講で見ることになるが、シヴァ教は神との合一を願う宗教であり、とりわけ一元論のシヴァ教は、神との合一を真正な認識の状態としたから、ここにおいて、タントリズムは、神を一途に思う精神の運動としてのバクティと重なり合うこととなったのである。

第9講

ヴィシュヌ教の歴史

アヴァターラ思想の展開

ヴィシュヌ神(下段右)とシヴァ神(中段左)

ヴィシュヌ教とは何か

ヴィシュヌ教は、シヴァ教と並ぶヒンドゥー教の一派で、ヴィシュヌ神を信仰の対象とする。このように言えば、いかにも特徴がはっきりした宗派のように思えるが、実は、ヴィシュヌという神格も、その信仰の歴史も非常に複雑である。シヴァ神の場合は、思い浮かぶイメージは、知り合いの誰に聞いてもだいたいみな同じである。手には三叉の鉾をもちナンディンという白い牛を連れている絵か、「ナタ・ラージャ」(舞踏の王)として激しく足を踏みならしている像を思い出す。そして、シヴァは、「大自在天(マヘーシヴァラ)」として仏教の中に入って、その図像も日本には伝えられているから、馴染みがないわけでもない。不動明王の像などは、ヒンドゥー教徒が見たら間違いなくシヴァだと思うだろう。

これに対して、ヴィシュヌ神の具体的な姿を言い表すことは難しい。本講扉の絵を見ると、ヴィシュヌには頭がいくつもある。これはいくつもの「アヴァターラ(化身)」を表している。シヴァの図像もヴィシュヌの図像も、そこに描かれているものはすべて神話的な背景をもっており、説明が可能であるが、シヴァに比べてヴィシュヌの方がかなり複雑な要素からできている。また、ヴィシュヌ神の姿は仏像の中にははっきりとは見られないので、身近なものとして思い浮かべるというのも困難である。もっとも図像に弱い私のような素人の眼には、チャクラ(如意輪)を手にした観音様や馬頭の観音様はヴィシュヌの姿のように見えなくもないが。

こんなふうに言うと、インド神話をよく知っている人からすぐに反論されそうである。ブッダはヴィシュヌの一〇ある「アヴァターラ」のうちのひとつとされているから、われわれもよく知っていると。なるほど確かにそうである。そうすると、日本中のお寺は、ヴィシュヌの像をまつっていることになり、日本の仏教徒は実はヴィシュヌ教徒であったということになりそうである。確かにこれは、ある意味で間違ってはいない。ヴィシュヌ神の最も重要な特徴は、「アヴァターラ」となって自らの姿を現すということにあるからである。聖典の中でも寺院の中でも様々な姿をとって現れて来て、それが神として礼拝される。ときには、聖人や聖者としても現れてくる。とにかくヴィシュヌ神は、ヴィシュヌ教徒にとっては、あらゆるところに出現する。だから、ブッダの姿をとって地上に現れたとしてもちっともおかしくない。

このことは、ヴィシュヌ神は、もともとは別個の独立した存在であった神々が融合して出来上がったものであるということを示している。そして、それらの神を中心にして形成されていたそれぞれの信仰の伝統が、ヴィシュヌ教と呼ばれる伝統の内に溶け込んでひとつのものとなった。

そのような神々の中で、とりわけ、ヴァースデーヴァ、クリシュナ、ナーラーヤナが重要である。これらの神(あるいは「英雄神」)は、もとはそれぞれ独立した崇拝の対象であった。したがって大きくくって言えば、ヴァースデーヴァ信仰と、クリシュナ信仰と、ナーラーヤナ信仰とが、入り混じった結果としてヴィシュヌ教が成立したと言えるだろう。そのような混合物としてのヴィシュヌ教の全体像を垣間見るために、まずは原典を見ておこう。

ヴァラーハ（猪）の話

グプタ朝期に作られた比較的古い時代のプラーナに、『ヴィシュヌ・プラーナ』がある。後に触れるが、ここではナーラーヤナ神が最高神として登場してくるから、ヴィシュヌ教の中でも、ナーラーヤナ神を崇拝していたパーンチャラートラ派の聖典であったと考えられる。その第一章では宇宙創造神話が語られるが、その第四節でヴィシュヌ神が次のように描かれている。

聞き手のマイトレーヤが、ナーラーヤナと呼ばれるこのブラフマー（最高神）つまりヴィシュヌがどのようにして宇宙創造の周期（宇宙期、カルパ、ユガ）の始まりにおいて一切を創造したのかと問うと、語り手のパラーシャラが話し始める。眠りから覚めたヴィシュヌは、大海以外になにもない空っぽの世界を見て、大地は海中に沈んでいると考え、それを持ち上げたいと思った。そこで、以前の宇宙期において魚や亀の姿をとったように、今度は猪の姿をとって海に潜った。地底に来たこの神に対して、プリティヴィー（「大地の女神」）は礼拝して言った。

あらゆるものに存在するあなたに敬礼します。**シャンカブリト**（「法螺貝をもつ者」）よ。**ガダーダラ**（「棍棒をもつ者」）よ。この私をここから今すぐ持ち上げて下さい。以前にも私が持ち上げられたように。

以前、私はあなたによって持ち上げられました。私はあなたから成る者です。**ジャナールダナ**（「勧善懲悪者」）よ。同様に、天空などの他の存在物もすべてあなたから成る者です。あなた様、**パラマートマン**（「最高の魂」）の本体に敬礼します。あなた様、**プルシャ**（「最高者」）の本体に敬礼します。**プラダーナ**（「根本原因」）であり、また**ヴィヤクタ**（「開顕したもの」）であるあなた、**カーラ**（「時間」）であるあなたに敬礼します。

あなたは、生きとし生けるものすべての**カルター**（「創造者」）であり、維持者であり、破壊者です。**プラブ**（「主」）よ。世界の創造の時には**ブラフマー**の姿となり、維持のときにはヴィシュヌの姿となり、破壊のときには**ルドラ**（シヴァ）の姿となるお方よ。

一切を食い尽くしたあげくに、世界が一つの海になったときに、賢者たちとともに瞑想に耽って、あなたは横たわる。**ゴーヴィンダ**（「牛の守護者」）よ。

だれ一人としてあなたの最高の性質を知りません。神々は、ただ数々の降下（アヴァターラ）におけるあなたの姿を礼拝しているだけです。

解脱を望む者たちは、あなたを最高の**ブラフマン**（「実在」）として崇拝して、解放に至るでしょう。**ヴァースデーヴァ**を崇拝せずに、いったい誰が解放に至るでしょうか。心によって把捉されるもの、眼などの感覚器官によって認識されるもの、理性によって判断されるもの、そのようなものすべては、他ならぬあなたの姿です。

私（大地）はあなたから成っているものであり、あなたによって保持されているものであり、あなたによって創造されたものであり、あなたを頼りとするものです。ですからこの世の人々は、この私のことを、「マーダヴァの妻」と呼んでいます。

すべての知から成る者よ、勝利せよ。大なるものから成る者よ、**アヴィヤヤ**（「不滅の者」）よ、勝利せよ。**アナンタ**（「無限永遠なる者」）よ、勝利せよ。**アヴィヤクタ**（「顕れざる者」）よ、勝利せよ。現象的な者よ、**プラブ**（「主」）よ、勝利せよ。**パラーパラ・アートマン**（「因果の本体」）よ、**ヴィシュヴァ・アートマン**（「森羅万象の本体」）よ、勝利せよ。**ヤジュニャ・パティ**（「祭式の主」）よ、**アナガ**（「罪なき者」）よ、勝利せよ。

あなたは**ヤジュニャ**（「祭式」）です。あなたは**ヴァシャット・カーラ**（「ヴァシャットという聖音」）です。あなたは**オーム・カーラ**（「オームという聖音」）です。あなたは祭火たちです。あなたは四つの**ヴェーダ**です。あなたは**ヴェーダ・アンガ**（「ヴェーダの支分」）です。あなたは**ヤジュニャ・プルシャ**（「祭式の主」）です。**ハリ**よ。

あなたは、太陽と月、火・水・木・金・土の五星、星宿たち、惑星たち、星座たちです。形をもつもの・形をもたないもののすべてであり、見えるもの・見えないもののすべてです。**プルショッタマ**(「最上のプルシャ」)よ。ここで私によって言われたもの・言われなかったもののすべてです。**パラメーシュヴァラ**(「最高の主」)よ。あなたはその一切です。あなた様に敬礼します。何度も何度も。南無、南無。

(『ヴィシュヌ・プラーナ』第一章第四節第一二―二四詩節)

ヴィシュヌの千の名前

右の訳文で、太字のカタカナで示したのはすべてヴィシュヌの名前である。ヴィシュヌには千の名前があると言われている。『マハーバーラタ』の第一三巻「ダーナダルマ章」の第一三五節では、ユディシュティラから、誰が唯一の神であり唯一の最高の帰依処であるのかを尋ねられたビーシュマは、それはプルショッタマすなわちヴィシュヌであると答えて、「ヴィシュヌの千の名前を聞け」と言って、「ヴィシュヴァ、ヴィシュヌ、ヴァシャット・カーラ、……」と、千の名前を総数一〇七の詩節を費やして数え上げている。

『マハーバーラタ』は続けて、この名を口に唱えた者は望みのものを手に入れることができると繰り返し述べている。まさに「称名《しょうみょう》」の思想である。実際この部分は、『ヴィシュヌの千の名前の讃歌(ヴィシュヌ・サハスラ・ナーマ・ストートラ)』として独立のお経となり、一般に流布して今日でも人々によって唱えられている。

そこに挙がる名前の中には二度三度と現れてくるものもあり、なかには「シュリーマーン」(美貌の)のように四回も現れ、しかも単なる形容詞と思えるようなものもあるから、実際の名前としては総数九〇〇ほどであろう。右の『ヴィシュヌ・プラーナ』の中で言われた名前もすべてそのお経の中に確認することができるが、神話に由来する名前もあれば、「アヴィヤヤ」(不滅の)や「アナンタ」(無限の)のように、最高神を修飾する形容詞がやはりそのまま名前になっているものもある。

ここで言われているのは、要するに、この宇宙の一切はヴィシュヌであるという考えである。そして、この考えのもとになったのがアヴァターラの思想であった。

「アヴァターラ」という語は、「渡る、横断する」を意味するサンスクリットの動詞「トリー」(tṝ-)に、上から下への運動を表す接頭辞「アヴァ」(ava-)が付いた複合動詞「アヴァ・トリー」から派生した名詞で、「降下すること」を意味する。そこから、「神の地上への降臨、神の地上での顕現」を意味し、伝統的には、ヴィシュヌ神の一〇のアヴァターラについて言われることが多い。日本では、神仏が救済のために特定の姿をとって地上に現れることを、「権現」とか「権化」と言うが、これがアヴァターラである。また、近年では、コンピュータやネットワーク関係の用語として、当事者の「分身」としてパソコンやスマホの画面上にアイコン化されて登場する人物像を指して「アバター」と言うが、この語源もアヴァターラである。

さて、「分身」とか「化身」と言えば、本体は別にあって、本体とは別の姿をとって現れてくるものを思わせる。「権化」「権現」の「権」も、「仮に」という意味であるから、同様であろう。では、「アヴァターラ」はどうだろうか。「ヴィシュヌのアヴァターラ」と言った場合に、ヴィシュヌ神が、自分の本来の姿とは別の姿をとって地上に現れるということが言われているのであろうか。ヴィシュヌ教徒が、現実世界への神の降下を疑うことは決してない。問題は、唯一の真実在である神がこの世界に降下したとして、この世界における神の実在性をどのように説明するかということである。次講に見るように、ヴィシュヌ教はいくつかの宗派に分かれるが、その違いを生み出したのは、まさしく神とこの世界の関係をどう理解するかの問題であった。アヴァターラの思想は、このような神学的な問題を生み出し、その結果ヴィシュヌ教の変遷をもたらすものとなった。

アヴァターラの話

ヴィシュヌのアヴァターラの中で最もよく知られているのは、すでに触れたように一〇のアヴァターラであろう。一般には、魚、亀、猪、ナラシンハ(人間とライオンの合体)、ヴァーマナ(小人)、パラシュラーマ(斧をもつラーマ)、ラーマ(『ラーマーヤナ』の英雄)、クリシュナ、ブッダ、カルキン(末世の終わりに現れる救済者)が数えられる。『マハーバーラタ』では、このうちの、猪、ナラシンハ、ヴァーマナ、パラシュラーマ、ラーマ、クリシュナの六つ、あるいは別の箇所では、猪、ナラシンハ、ヴァーマナ、そして人間(!)の四つが挙げられている。それが、一〇世紀頃の『バーガヴァタ・プラーナ』になると二二となり、さらに同書では、「善性(サットヴァ)の貯蔵庫であるハリ(ヴィシュヌ)のアヴァターラは数えきれない」(第一巻三・二六)とも言われるようになる。

例として、先ほど見た『ヴィシュヌ・プラーナ』に出てくる猪の話を見てみよう。これは、現代のインド人にとっても子供の頃からおとぎ話として聞かされた馴染みのものである。絵本もアニメもたくさん出回っている。もともとは神話として伝承され早くから民間でも語られていたらしく、インドのあちこちでこれを題材にした彫刻や絵を見ることができる。なかでもインド中央部、サーンチー近くにあるウダヤギリ石窟第五窟の「猪頭人身のヴィシュヌ神像」の大きな浮き彫りは有名である。五世紀初頭、グプタ朝第三代のチャンドラグプタ二世(在位三七五―四一五頃)の治世下でこの石窟寺院は造られたと言われている。日本画家秋野不矩《あきのふく》(一九〇八―二〇〇一)の晩年の代表作に《ヴァラーハ(ヴィシュヌ化身 猪)》があるから、この絵を通じて知っている人も多いだろう。

イノシシ期(ヴァラーハ・カルパ)の始め、大海だけが広がり大地は海の底に沈んでいた。ヒラニヤ・アクシャ(「黄金の眼」)という悪魔によって引きずり込まれていたのである。そこでヴィシュヌ神は猪の姿となって水に潜り、この悪魔を退治して、大地を解放し自分の牙で持ち上げた。大地を海の上に浮かべて、それから七つの大陸を造った。

話のあらすじはだいたいこのようなものであるが、創造神が猪となって海に潜り大地を浮かび上がらせて陸地を造り出した話は、古くはヴェーダ聖典である『タイティリーヤ・サンヒター』や

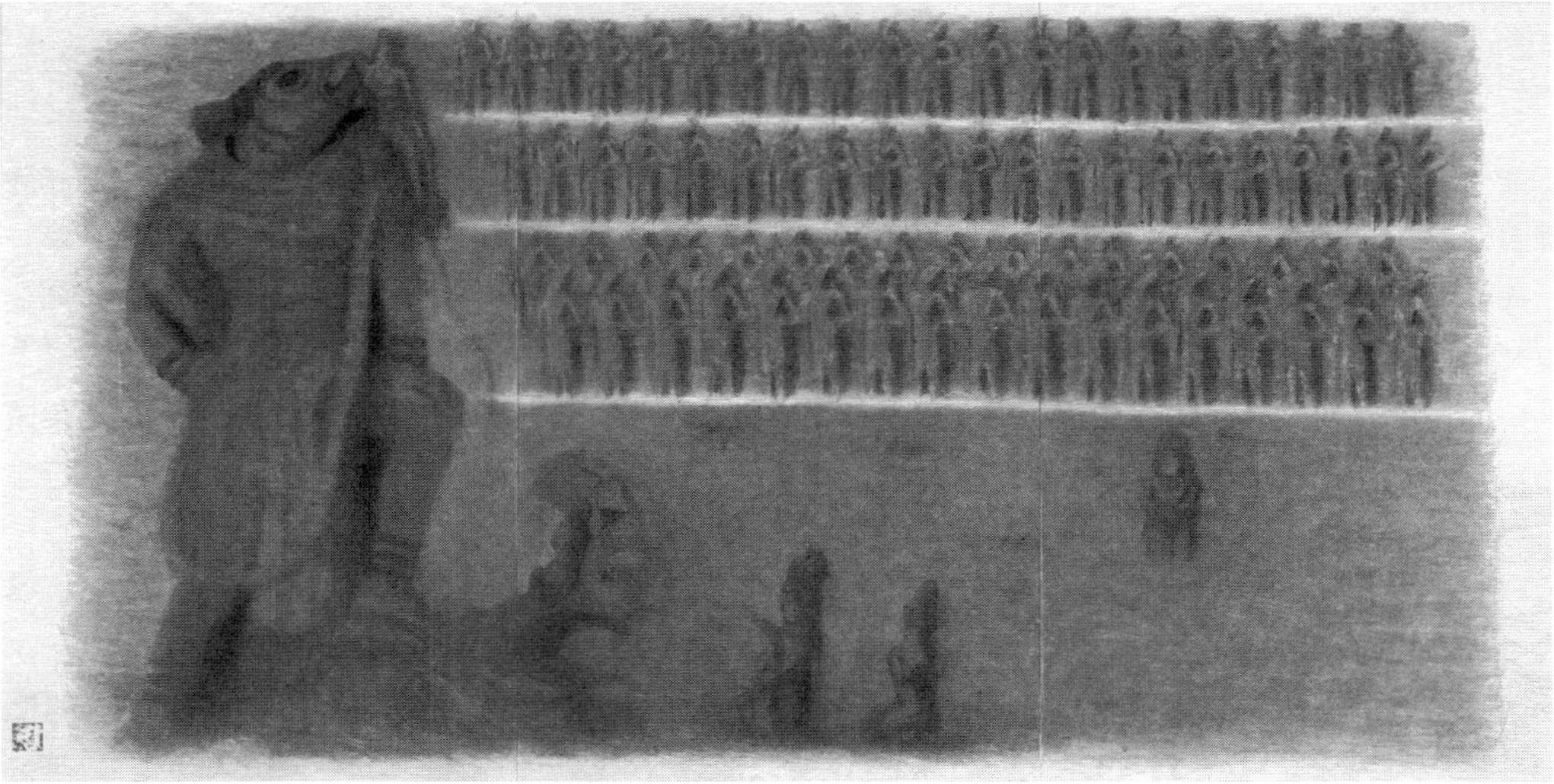

図 12　秋野不矩《ヴァラーハ（ヴィシュヌ化身　猪）》（1992 年，浜松市秋野不矩美術館蔵）

『タイティリーヤ・ブラーフマナ』に現れてくる。この創造神がヴィシュヌとなり、救い出された大地(プリティヴィー、ブーミ)が女神として形象化されたのが、先の『ヴィシュヌ・プラーナ』の話である。このプラーナの中では、大地の女神(マーダヴィー)は、ヴィシュヌの妻となっている。そして、この大猪となって妻である女神を救い出すヴィシュヌの姿が石窟寺院に残されたわけである。

このように、アヴァタータの話の背景には、宇宙創造神話がまずあったと考えられる。それは、一〇の化身のそれぞれが宇宙期(ユガ)ごとに現れるとされていることからもうかがえる。最初の宇宙期であるサティヤ(クリタ)期に現れたのが、魚、亀、猪、ナラシンハであった。次のトレータ期には、ヴァーマナとパラシュラーマとラーマが、そしてその次のドヴァーパラ期には、クリシュナが現れた。最後の第四期であるカリ期、つまり末世である現代に現れたのがブッダである。そしてカルキンはいまだ現れてはいない未来の救世主である。混乱を極める末世の終わりに、白馬に乗り流星剣を手にして世界を再生させるために現れるとされている。

アヴァタータ思想の展開

アヴァタータの話にはこうして宇宙創造神話の要素が入っているが、より重要なのはそこに「救済」の思想が加わっていることである。「アヴァタータ」という語そのものは出て来ないが、アヴアターラ思想のエッセンスを示すと考えられるのが、次の『バガヴァッド・ギーター』の一節である。ヴィシュヌの化身たるクリシュナが、自らの出生についてアルジュナに対して次のように語る。

確かに、わたしは生まれることはなく不滅の本性をもつものであるけれども、そして［何ものにも支配されることがない］万物の主宰者であるけれども、自分自身のものである性質を［自分自身で］支配して、自分自身の現象産出力（マーヤー）によって［自分自身を作り出して］この世に出現する。実に、バラタの息子（アルジュナ）よ。法（ダルマ）が疲弊し不法（アダルマ）が跳梁するときに、必ずわたしは自分自身を創り出す。善人たちを救済するために、また悪人たちを滅ぼすために、そして正義を確立するために、わたしは宇宙期（ユガ）ごとに生まれてくる。

（『バガヴァッド・ギーター』四・六―八）

そして次のように断言する。

誰が、どんな方法で、わたしに加護を求めてきても、わたしは必ずそれにふさわしい方法でその者たちを待遇しよう。アルジュナよ、人々は、どんな形にせよ、結局はわたしの道（ヴィシュヌ信仰）にしたがうのだ。

（同四・一一）

「待遇しよう」と訳したが、もとのサンスクリットは、動詞「バッジュ」(bhaj-)の一人称単数形である。この動詞については、第6講の「神と信者の関係」ですでに触れたが、「バクティ」観念のもとになった重要な語である。この動詞が表すのは、「神が分有する(分け前を与える)」ということであり、それはすなわち「神が好意を示す、気に入る、愛する」という神から信者へ気持ちを表すものであった。ただそれが、逆方向の気持ちを表すときには、信者が神からの「分け前を受ける、分け前に与る」ということを表し、信者から神への「信愛」の情を表すものとなっていく。

実際、『ギーター』でも、クリシュナが一人称で語る場面でこの語が出てくる箇所はこの詩節しかなく、他の箇所ではすべて、信者がクリシュナに「帰依する」/を「信愛する」という意味の三人称で使われている。この詩節に対する後世の注釈でも、「わたしを〈バッジュする〉者たちを、その者たちに望みの果報を与えることによって、わたしはその者たちを〈バッジュする〉、すなわち〈恩寵を与える〉」と言っている。バクティとは、信者と神との間に成り立つ双方向の関係であることが理解できるであろう。

ともあれ、『ギーター』のこの一節こそ、アヴァターラ思想を明瞭に特徴づけるものだと言われている。それは、ヴィシュヌが、人々を救済する意志をもって自らの力によって自分自身をこの世界に生まれさせると言っているからである。つまりそれは、インドの伝統的な思想である「カルマ

（業）の理法」と明らかに対立するのである。カルマの理法は、自然法則と言ってもよい因果法則であるから、そこには意志の力が入り込む余地はない。そして、あらゆる存在は、たとえ神々であっても、この理法に従わなければならなかったはずである。しかし、『ギーター』のこの詩節は、ヴィシュヌのこの世界への出現が、ヴィシュヌ自身の力（マーヤー）によって自発的になされたものであって、カルマの力によるものではないと断言しているから、これは画期的な言明と言わなければならない。

アヴァターラとバクティ

第6講においてバクティを論じた際にも、『ギーター』のヒンドゥー教史上における画期性に触れたが、ここでもまた、その独自性、あるいは革新性には驚かされる。

ヴィシュヌ神によって創造された世界は、完全なものであり、調和よく配分され構成されたものでなければならない。そうした世界を支配している神であるからこそ、この神は、「バガヴァット」、すなわち「分け前としての諸部分（バガ）を有する（ヴァット）者」とも呼ばれる。神は、自分を崇拝し、自分に帰依し、自分に加護を求める者に対して、その者にふさわしい分け前を配分する。そして、このバガヴァットを崇拝する信者は、その帰依を通じて自分自身にふさわしい分け前を受けとるのである。

このような関係においては、どのような信者であれ、ヴィシュヌ神の内に生きている。ヴィシュヌを崇拝する者だけではない、ヴェーダの神であるインドラを崇拝する者であっても、あるいはブッダを崇拝する者であっても、すべては結局のところヴィシュヌによって配分される分け前に与っている。これが、アヴァターラの思想であり、それと同時にヴィシュヌ教において発展していったバクティの思想を支える考え方であった。

クリシュナの変容

さて、本講のはじめに、ヴィシュヌ教は、ヴァースデーヴァ信仰と、クリシュナ信仰と、ナーラーヤナ信仰とが入り混じった結果として成立してきたと言った。

まず、「ヴァースデーヴァ」と呼ばれる神の成立から見てみよう。ヴァースデーヴァは、もともとは一部族の英雄あるいは王であったが、死後に神として崇拝されるようになった。前五世紀には西インドにヴァースデーヴァ信仰が広がっていたと考えられている。前三〇二年頃にマウリヤ朝の宮廷に派遣されたギリシア人のメガステネスが、『インド誌』の中で、マトゥラー地方の王で死後に民衆に尊崇されたヘラクレスについて報告しているが、棍棒を手にしたその姿から、これは当地のヴァースデーヴァ信仰について述べたものだと考えられている(棍棒は、チャクラや法螺貝とともにヴィシュヌ神の持ち物である)。また、前一世紀頃のバクトリア地方のギリシア系住民たちの間では、ヴァースデーヴァ信仰が盛んであったことも知られている。

次に「クリシュナ」である。クリシュナもおそらくは部族の英雄が神格化したもので、それがヴァースデーヴァ神と一体化することになったのであろう。ヴィシュヌ教徒たちは、クリシュナがこの世に神として降下した人間であることを疑わない。『マハーバーラタ』においては、クリシュナは、ヤーダヴァ族の長として登場するが、『ギーター』の中では、アルジュナの御者(人間)であり、また上述のようにヴィシュヌ神としても登場してくる。ヴァースデーヴァと一体化したクリシュナは、おそらく前二世紀までには、独立した神格として崇拝されるに至っていた。

一方、クリシュナには、ヴリンダーヴァナにおける牛飼いの若者としての姿もある。先に見た『ヴィシュヌ・プラーナ』において「ゴーヴィンダ」(「牛の守護者」)と呼ばれていたように、「ゴーパーラ」(「牛の番人」)としてのクリシュナへの信仰がもとにあったと思われるが、それがヴァースデーヴァ=クリシュナ信仰の内に吸収されて、『マハーバーラタ』の中で語られることになった。

クリシュナ=ゴーパーラは、アビーラ族の部族神であった。彼は、弟のバララーマ、あるいはサンカルシャナとともに、神格であったが、ヴィシュヌ教の内へと取り入れられた。『マハーバーラタ』の補編である『ハリヴァンシャ』や、『ヴィシュヌ・プラーナ』そして『バーガヴァタ・プラーナ』には、ヤームナ河のほとりのアビーラ族の居住地で牛飼いの少年から青年へと成長していくクリシュナの伝説が、多くの魅力的なエピソードとともに語られており、クリシュナ神が、インドの民衆に今なお最も愛されるゆえんとなっている。

ナーラーヤナ信仰とパーンチャラートラ派

『ヴィシュヌ・プラーナ』においては、最高神が「ナーラーヤナ」と呼ばれ、それがヴィシュヌ神と同一視されていた。ナーラーヤナは、古くは、ヴェーダの付属文献である『シャタパタ・ブラーフマナ』に見られた神格である。そこでは彼はプルシャと同一視されている。「ナーラーヤナ」という名前については、『マヌ法典』では、次のように説明されている。

水はナーラーと呼ばれる。実に水はナラの子供であるから。その初め、水は彼(ブラフマン)の住居(アヤナ)であった。それゆえに「ブラフマンは」「ナーラーヤナ」(ナーラー・アヤナ)(水を住居とするもの)と呼ばれるのである。

(『マヌ法典』一・一〇。渡瀬信之訳)

この「水を住居とするもの」というイメージは、世界創造前の原初の海(乳海)に浮かぶ多頭の蛇アナンタ(シェーシャ)をベッドにして瞑想しながらまどろむヴィシュヌ神の姿と同一視されるものである。また、「ナーラーヤナ」は「人々の住居・休息所」という語源解釈も可能であり、これもヴィシュヌ神の特徴と一致する。このようにナーラーヤナもヴィシュヌと明確に同一視された神であった。

　このナーラーヤナを信仰したのが、パーンチャラートラ派であった。先に見た『ヴィシュヌ・プラーナ』もこの派の聖典であるが、特に重要なのは、『マハーバーラタ』第一二巻の「ナーラーヤニーヤ章」である。そこでは、ナーラーヤナが宇宙に遍在する神、つまりヴィシュヌであり、この派の伝統の創始者とみなされている。

図 13　アナンタ龍王に坐すヴィシュヌ
（バーダーミ石窟寺院第 3 窟，6 世紀）

　パーンチャラートラ派の教義は、「ヴィユーハ説」と呼ばれる宇宙論に特徴がある。絶対者（プルシヨッタマ）が、姿形をとってこの世に顕現してくるという考えで、おそらくアヴァターラに先行して存在した観念であっただろう。

　宇宙の始まりにおいてヴァースデーヴァがいて、それがサンカルシャナ（クリシュナの弟であるバララーマ）を顕現させる。次にサンカルシャナがプラドユムナ(クリシュナの息子)を、プラドユムナがアニルッダ(クリシュナの孫)を順次生み出した。この一連の顕現は、宇宙における純粋な創造であると考えられているが、その後には中間的な創造があり、さらにその後には物質的な創造がある。こうして創り出された宇宙は多種多様な構成要素(タットヴァ)から成っている。この考え方はサーンキヤの初期の哲学の内にその起源をもっている。

パーンチャラートラ派のタントラ

第7講冒頭で紹介したエリアーデ『ヨーガ』にも挙げられていたが、パーンチャラートラ派のもうひとつの特徴が、タントリズムである。『ジャヤーキヤ・サンヒター』『サートヴァタ・サンヒター』『パウシュカラ・サンヒター』の三つが「三宝」と称されて、この派のタントリズムを示す最初期の重要な聖典となっている。近年になって、ネパールで、それらより古いと考えられる原典の写本が発見され、その中には、『ジャヤーキヤ・サンヒター』の初期の形態を伝える文献もあって、この派の発展史を考える上でもたいへん重要な発見である。

「三宝」と称される聖典類が作られたのは七世紀から八世紀と考えられてきたが、前講でも名を挙げたシヴァ教研究の第一人者であるアレクシス・サンダーソンによって、「三宝」が、シヴァ教の聖典シヴァ派の儀礼体系の影響を受けていることが明らかにされ、いまではその成立は八五〇年以前ではあり得ないとされている。実際、パーンチャラートラ派の文献が述べるディークシャーの過程は、先に第7講でみたシヴァ教のものとほとんど同じである。

この派の文献は、まだ写本のままで残されているものが一五〇近くあり、さらにタイトルしか伝わっていないものは五〇〇近くあると言われている。それだけに、研究が進めば、ヴィシュヌ教におけるタントリズムの歴史が書き換えられる可能性もある。

パーンチャラートラ派とヴァーイカーナサ派

パーンチャラートラ派の文献は、タントラ的なヴィシュヌ教を代表するものである。われわれは、前講で、シヴァ教における「タントラ的なもの」と「ヴェーダ的なもの」の相克を見たが、ヴィシュヌ教でも同様のことが起こっている。

パーンチャラートラ派のタントラ的な聖典をどのように位置づけるか、それは本当にヴィシュヌ神によって啓示されたものなのかという問題は、ヴィシュヌ教の伝統にとって重大な問題であった。そして、パーンチャラートラ派を否定して、ヴェーダの伝統を重視するバラモンたちによって形成されたのが、「ヴァーイカーナサ派」である。

ヴァーイカーナサ派は、自分たちをヴェーダの正統的な伝統に属するものとし、「非正統派」であるパーンチャラートラ派のタントラ的伝統と区別している。この派の者たちは、『ヴァーイカーナサ・スマールタ・スートラ』(四世紀以降)という独自の聖典をもち、それに基づいてヴィシュヌを礼拝していた。そして、パーンチャラートラ派と別個に独自の聖典を作成している。もっともそこにはパーンチャラートラ派の宇宙論の影響が見え隠れするのだが。

今日、ヴィシュヌ教の寺院の多くはパーンチャラートラ派の礼拝様式を採用しているが、アーンドラ・プラデーシュ州にある巡礼地(というよりも華やかな観光地)であるティルパティの寺院では、ヴァーイカーナサ派の儀礼による礼拝が行われている。

バーガヴァタ派

四世紀から六世紀にかけてのグプタ朝の王たちの多くは、ヴィシュヌ教を庇護したが、中でも、グプタ朝第三代のチャンドラグプタ二世以降歴代の王たちは、「最高のバーガヴァタ教徒(パラマ・バーガヴァタ)」と名乗っている。また、六世紀のチャールキヤ王家のマンガレーシャは、「偉大なバーガヴァタ教徒(マハー・バーガヴァタ)」として、当時の首都バダミに石窟寺院を開き、ヴィシュヌ神をまつった。このことから見れば、「バーガヴァタ教徒」は、伝統的なヴィシュヌ教信者一般を指しているように思える。

しかし歴史的に見ると、「バーガヴァタ教徒」は、ヴァースデーヴァ=クリシュナを「バガヴァット」(世尊)と呼んで崇拝していた人々を指していた。そうした人々が西北インドには紀元前からいたことがギリシア人の記録からも知られることは先に触れた通りである。そして、『バガヴァッド・ギーター』や『バーガヴァタ・プラーナ』も、本来はこのバーガヴァタ教徒の聖典であったと考えられる。

それが教徒の数が増え、その勢力が拡大するにつれて、ヴィシュヌ神と融合させることでそれを取り込もうとするバラモンの側からの働きかけによって、「バーガヴァタ派」は正統的なヴィシュヌ教団となり、北インドからインド全体へと広がっていったのである。こうして、『ギーター』も、全インド的なヒンドゥー教の聖典としての役割を果たすようになっていった。

このようにグプタ朝は、いわば「ヴィシュヌ教の時代」であった。しかし、前講において見たように、グプタ朝が衰亡する六世紀頃から、北インドは、「シヴァ教の時代」へと移行する。もちろんそれはヴィシュヌ教がインドから消えたことを意味するものではない。その頃、南インドでは、パッラヴァ朝(三―九世紀)が勢力を拡大しつつあり、その王たちもやはり「バーガヴァタ教徒」を名乗って、ヴィシュヌ教を受け入れていた。こうして、第6講で見たように、南インドにおいては、六世紀から一〇世紀にかけて、ヴィシュヌに対する熱烈な信仰心を歌う宗教詩人「アールヴァール」たちの活動であるバクティ運動が見られることになったのである。

第 *10* 講

ヒンドゥー教の誕生

ジャガンナータ寺院(プリー，10世紀以降)

ヴェーダーンタ哲学とヴィシュヌ教

私は、『インド哲学10講』において、「ある」と「なる」の哲学に関連して、いずれも南インドで活躍したヴェーダーンタ哲学の思想家、シャンカラ(七〇〇—七五〇)とラーマーヌジャ(一〇一七—一一三七)とマドヴァ(一二三八—一三一七)の三人を取り上げたとき、「しかしこういったことは、インドの中世から近世にかけての宗教史、ヒンドゥー教史の問題である」と言って、叙述を中断した。いまその問題を改めて論じる地点に来たので、彼らの思想の展開をヒンドゥー教史に位置づけることにしよう。

ヴェーダーンタ学派に属する思想家たちの根本にあった問題は、「ブラフマン(根源的一者)と現象界との関係」をどのように理解するかということであった。この者たちが拠り所としている根本経典『ブラフマ・スートラ』においては、それは「非別異」(両者は別のものではない)と定義されていた。ではその場合、ブラフマンと現象界の間に両者一体の実在性を認めるのか、それとも両者に個別に実在性を認めるのか、あるいはどちらか一方だけに実在性を認めるのか、それとも両者の実在性に差を認めるのか、そもそも「実在性」とは何か。

ヴェーダーンタ学派に属する者たちにとっては、ブラフマンは実在であること、そしてこの世界はブラフマンの現れであること、この二つは共通の信条であった。相違点は、ブラフマンの現れとしてのこの世界、つまり現象界について、それを実在とするか、それとも非実在とするかということにあった。

シャンカラは、ブラフマンのみを非人格神的な唯一の実在とし、現象界を虚妄とした。一方、ブラフマンが実在であればその現れとしての現象界もブラフマンと同じく実在であるという説が、シャンカラ以前からあった。「不一不異(ベーダ・アベーダ)」と呼ばれているこの説は、現象界の事物の実在性をなんらかの意味において認めるという点で、シャンカラの「不二一元説」に対立するものである。そして、この説が、その後のラーマーヌジャの「被限定者不二一元説」、マドヴァの「二元説(多元説)」、あるいはニンバールカ(一四世紀頃)の「不一不異説」、ヴァッラバ(一四七八―一五三〇)の「純粋不二一元説」、チャイタニヤ(一四八六―一五三三)の「不可思議不一不異説」などへと展開する。

われわれは、第8講におけるシヴァ教についての議論の際に、「シヴァとなる」ということをめぐって、神と魂(個我)との間の一元論と二元論の対立を見たが、いまここでも同様の議論――神と現象界をめぐる一元論と二元論――が、より複雑に展開されることになる。

そこで議論されたのは、言ってみれば哲学的な存在論である。しかし実は、この者たちはすべてヴィシュヌ教の「宗派」と密接に結びついていた。ラーマーヌジャはシュリーヴァイシュナヴァ派最大の学匠であったし、マドヴァはマドヴァ派の開祖であった。また、ニンバールカの宗派は、今も北インドにおけるヴィシュヌ教の中心的存在である。ヴァッラバは、バクティ運動の中心的人物であるし、チャイタニヤもまた、「ベンガルのヴィシュヌ教(ガウディーヤ・ヴァイシュナヴァ)」の教祖とされる人物である。

それにしても、いったいどうして哲学的な存在論がヴィシュヌ教の教理と結びついたのか。その答えとして考えられるのは、前講で論じたヴィシュヌ教のアヴァターラ思想である。ヴィシュヌ教徒にとっては、たとえそれが神像であっても、神がこの地上に現れていることは疑いようのない事実だからである。そしてアールヴァールたちによって歌われた「バクティ」の心情がその体験を一層強いものにした。こうして、神の実在性は無論のこと、神の「身体」たる現象界の実在性も疑いようのないものとなった。まさにここにおいて哲学から宗教への転換が起こったのである。

宗派(サンプラダーヤ)の成立

さてここでいう「宗派」とは、現代のヒンディー語では「サンプラダーイ(sampradāy)」というが、この語の扱いには注意が必要である。もとのサンスクリットである「サンプラダーヤ」は、師資相承を意味する語であり、そこでも宗派の概念をも含意し得るのだが、ヒンディー語の方はよりはっきりと、現代日本語でいう宗派、もっと言えばヴィシュヌ教とかシヴァ教とかの個別具体的な「セクト」を指して使われている。

そして、ある信仰集団(セクト)がこの「サンプラダーヤ(宗派)」として成立するためには、『ブラフマ・スートラ』に対する注釈を書くということが必要であった。上に名前を挙げた者たちも、チャイタニヤ以外はみなそれぞれに注釈書を書いている。先に言った一元説とか二元説とかは、この注釈において表明された立場をいう。

これに関連して興味深い話が残されている。一八世紀半ばの北インド、ジャイプル藩王国でのことである。ヴァッラバ派がチャイタニヤ派を訴えた。チャイタニヤ派は『ブラフマ・スートラ』に対する注釈をもっていないから、サンプラダーヤとして認められない。だから、チャイタニヤ派のヴィシュヌ教としての寺院活動は認めてはならないと。そこで、名君であり天文学者としても名高いジャイ・シング二世(在位一六九九—一七四三)は、法廷で、チャイタニヤ派の導師であるバラデーヴァ・ヴィディヤーブーシャナに、『ブラフマ・スートラ』の注釈書の作成を命じたというのである。数週間後には、その注釈書が法廷に提出され、チャイタニヤ派も正式のサンプラダーヤとして認められたということである。

それにしてもなぜ『ブラフマ・スートラ』への注釈なのか。おそらくそこに働いているのは、「正統」を名乗ることへ意識である。ヴェーダーンタ哲学の用語を使って『ブラフマ・スートラ』への注釈を書くことが、ヴェーダとウパニシャッドの伝統を受け継ぐ正統派であることを証するものだと考えられたからである。

本書でこれまでの講義において見てきたのは、ヴェーダの伝統に対立的な傾向を示し、時にはそれを否定する思想として現れた宗教的な観念であった。その典型がタントリズムであり、バクティであると言ってよいだろう。しかし、それらの展開を経て、いま目の前に現れてきたのは、ヴェーダの伝統に連なる正統性を競って主張する「宗派」の姿である。なぜそのような潮流が生まれたのかは最後に考えることにして、まずはそれら宗派の具体的な姿を見ることにしよう。

シュリーヴァイシュナヴァ派

六世紀から一〇世紀にかけて、南インドでアールヴァールたちの活動が盛んであったことは、第6講で述べた。この頃にアールヴァールたちがヴィシュヌ神を讃えるためにタミル語で作った四〇〇〇の詩を集めて、『四千頌聖典(ナーラーイラ・ディヴィヤ・プラバンダム)』にまとめたのが、シュリーヴァイシュナヴァ派の創始者とされるナータムニ(一〇世紀)である。この詩集は、この派において、ヴェーダ聖典(ウパニシャッド)、『バガヴァッド・ギーター』、『ブラフマ・スートラ』

と並ぶ聖典とされており、タミル語とサンスクリットの二つの伝統に基づく聖典をもつことが、この派の特徴となっている。

アールヴァールたちは、ヴィシュヌ神の様々な姿を歌ったが、特に寺院の中に安置されているヴィシュヌ神像を「アルチャー・アヴァターラ」(神像としての化身)として重んじ、現にそこに実在する神として讃えた。寺院にまつられている神像は似姿や偶像などではなく、ヴィシュヌ自身が自らを最も受け入れやすい姿で人々に現したものであると考えられたからである。

アルチャー・アヴァターラは、神の実在の顕現であり、神そのものである。シュリーヴァイシュナヴァ派は、その名前が示すように、シュリー女神(ラクシュミー)とヴィシュヌ神の夫婦一対の神を崇拝の対象にしているが、この二神はこの地上においても寺院の内奥に実際に住んで暮らしていると考えられている。シュリーヴァイシュナヴァ派にとっては、超越的でありながらも近づきうるものこそが「神」であった。

アールヴァールたちが讃歌の中で讃えた一〇八の場所を、シュリーヴァイシュナヴァ派は「聖地(ディヴィヤデーシャ)」としている。そのうちの一〇六は地上にあり、他の二つのうちのひとつは天界の永遠の住まいヴァイクンタであり、もうひとつは乳海である。聖地のうちで最も重要なのはティルパティ、シュリーランガムにある諸寺院と、カーンチープラムの地域にある諸寺院である。

このうち、シュリーランガムにあった寺院の第五代の院長として活躍したのが、ラーマーヌジャであった。彼は、この現象界が神の形象であり、身体であると考えて、この多様な身体に限定されたブラフマンが唯一の実在であるという「被限定者不二一元説」を唱え、それがまた、シュリーヴァイシュナヴァ派の立場を表す説ともなった。

マドヴァ派

マドヴァ派は、ブラフマンと個我は別個の実在(二元)であるという立場をとる。さらに言えば、現象界も実在であると考えるから、「多元説」であると言ってもよいだろう。創設者であるマドヴァは、南カルナータカのウドゥピ近くの村でバラモンの両親のもとに生まれたとされるが、彼の生涯についてはほとんど知られていない。

マドヴァは、多元説を実在論として成り立たせるために、実在を「自立的実在(スヴァタントラ)」と「非自立的実在(アスヴァタントラ)」に区別し、自立的実在は、唯一ヴィシュヌ神=ブラフマンのみであり、他のすべての実在は非自立的実在であるとした。しかし、非自立的であるにせよ、多様な現象界をすべて実在として説明するためには、その多様性の根拠を示す必要があるだろう。そこで彼は、「階層(ターラタミヤ)」説を打ち出す。すべての存在物は、ヴィシュヌを頂点とする階層構造の中に位置づけられると言う。とにかく彼は区別することが好きで、あらゆる場面で階層を説いている。

解脱を獲得するためには、ヴィシュヌの恩寵に与らなければならないが、そこでも当然階層が認められる。なぜなら、信者のヴィシュヌ神に対する帰依の心情には段階があるからである。信者は、ヴィシュヌ神こそが一切を超えた最高存在であることに気づいたときにはじめて、絶対帰依の心情をもち、それに答えてヴィシュヌ神も恩寵を与えるとされる。

マドヴァ派の信者はインドの各地で見られるが、カルナータカ州がいまもその活動の中心である。なかでも重要なのは、ウドィピにある寺院で、クリシュナをまつるためにマドヴァによって建立された。

ニンバールカ派

さて、視点を一三世紀の北インドに移してみよう。一三世紀初頭から一六世紀初めまでの約三二〇年間は、「デリー＝スルタン朝」と総称されるイスラームの王朝が、デリーを中心にした北インドを支配していた。ペルシア系トルコ人によって軍事的にインドが支配された時代ではあるが、この時期は、ペルシア文化とサンスクリット文化が出会い、複雑に交渉した時代であった。

ニンバールカ派は、そのような中で生まれてきたヴィシュヌ教の新しい宗派である。創設者であるニンバールカについては、歴史的なことはほとんど何もわかっていない。

ニンバールカも、ブラフマンと個我と現象界の実在性を強く主張した。その主張は、ラーマーヌジャの「被限定者不二一元説」に似ているが、相違点もある。ニンバールカは、ブラフマンをクリシュナと同一視したのに対して、ラーマーヌジャにとっての最高実在は、先に見たように、シュリー女神(ラクシュミー)を伴ったヴィシュヌ神であった。ニンバールカにとっては、クリシュナだけが、信者を救済し、個我を解脱へと導くことができる神であった。

しかしこれが一六世紀になると、最初はクリシュナの伴侶として現れていたラーダーが崇拝の対象となり、救済者となって現れてくることになる。これは次に見るヴァッラバにおいてさらに顕著な特徴となるが、ヴラジャ(ブラジ)地域(マトゥラーとヴリンダーヴァナの周辺)で見られたラーダーとクリシュナを崇拝する信仰運動と切り離すことのできないものである。ヴラジャ地域は、そこの方言による文学作品とともに、一六世紀におけるクリシュナ信仰の運動で重要な位置を占めることになり、クリシュナの聖地となる。今日でも、ニンバールカ派の信者たちの多くはこのヴラジャの地域に住んでいる。

ヴァッラバ派

一六世紀、北インドおよび西インドにおけるバクティ運動の中心的指導者のひとりとなったのがヴァッラバである。彼は、「純粋不二一元説(シュッダ・アドヴァイタ)」を唱えた。それは、クリシュナを唯一の実在として認める。

ヴァッラバが説くのは、クリシュナは実体として、物質的な宇宙とも、そこにある個我とも異なるものではないということである。唯一の実在としてのクリシュナは、その限りにおいて自分以外に他の存在物をもっていない。しかしそうだとすると、この世界が現象として生じないことになってしまう。

そこでクリシュナは、「マーヤー」という自分の力を発揮するのだとされる。彼は自分自身を断片化して、無数の個我を作り出し、それらを互いに区別させ、多様な物として存在させる。その結果、個我たちはクリシュナの一部としての真の性質を忘れて、自分たち自身を個別の自己として認識することになる。しかし、やがて個我たちは、自分たちがクリシュナの一部であるという本来の性質に気づくことになる。

このプロセス自体は、クリシュナが常に自分自身を意図的・自己回帰的に経験しているということでしかないが、末世たる現在においては、「自分たちは個別の自己であり、クリシュナの一部ではない」という個我たちの執拗な思い込みによって、クリシュナの意図がわからないままである。この強い思い込みが根本的な邪悪であって、そこから個我のすべての過失が生じているのである。

ヴァッラバによれば、個我は、自分自身を自己だと誤って認識することからの解放を、自分の力で果たすことはできない。なぜなら、それは自己が自分自身を消し去ることを意味するからである。輪廻から救済される唯一の方法は、クリシュナの恩寵にすがることである。

図 14　ヴァッラバがゴーヴァルダナ丘でシュリー・ナータジー像を見つける

　では恩寵に与るためにはどうすればよいのか。それが、「恩寵の道（プシュティ・マールガ）」と呼ばれるバクティの実践道である。ヴァッラバの考えでは、クリシュナの恩寵はすべての個我に向けられている。しかし、この恩寵は、クリシュナから個我への一方向だけのものではない。それは個我からクリシュナへと向けられてもいるのであり、相互的な愛の関係として見られるべきものである。それは、「奉仕（セーヴァー）」という礼拝の形で表される。

　「奉仕」は、神像としてあるクリシュナの本体（スヴァルーパ）に向けてなされる。ヒンドゥー教徒一般の礼拝であるプージャーと形式的には変わらないように見えるが、わざわざ「セーヴァー」という用語を使うのは、自派の礼拝を他から区別するためである。プージャーがご利益を得るためになされるのに対して、「奉仕」は神の役に立つためになされるという違いがある。

ヴァッラバ派の信者もまた、目の前にあるクリシュナの神像は、実際に神がこの世に現れてその姿をとっていると考えているが、それらの神像はすべて、ヴァッラバによって最初に発見された神の「本体」、すなわちシュリー・ゴーヴァルダナ・ナータジー(ゴーヴァルダナ丘の聖者様)の神像の分身と考えられている。

この「本体」としての神像をヴァッラバが発見したときの伝説が作られて、ゴーヴァルダナ丘(北インド、マトゥラーの西二五キロ)はヴァッラバ派の信者にとっての聖地となる。その一方で、この丘は、古来の山岳信仰の対象でもあり、土地の村人たちは、ゴーヴァルダナ丘そのものをクリシュナの神体として礼拝している。ただしかし、ムガル帝国第六代皇帝アウラングゼーブの時に、神像をまつる寺院は放棄され、神像は現在のラジャスタンのナータドゥヴァーラに移されたと言われている。

チャイタニヤ派

クリシュナを熱烈な信愛の対象にするバクティ運動は西インドのベンガルにおいても起こった。チャイタニヤを開祖とする宗派である。この派はまた、「ガウディーヤ・ヴァイシュナヴァ」(ガウダのヴィシュヌ教)とも呼ばれている。「ガウダ」は現在のインド西ベンガル州とバングラデシュの一帯の地域を指している。

チャイタニヤ派の特徴は、クリシュナと信者の間の帰依と愛の関係を強調する点に見られる。チャイタニヤは、ベンガルのナヴァドゥヴィーパのヴィシュヌ教のバラモンの家庭で育ち、伝統的なサンスクリット教育を受けている。一五〇八年、ガヤに行った際に回心を経験し、クリシュナ信仰へと向かうことになる。そして、故郷に帰った後、信者のグループとともにクリシュナへの讃歌を詠唱するクリシュナ信仰を始めるのである。一五一〇年、チャイタニヤは、オリッサのプリーの町に巡礼に出る。その町では、有名な寺院においてクリシュナが独特な相貌をもつジャガンナータ神として礼拝されていた。毎年の祭でジャガンナータ神は巨大な山車に乗せられて町をパレードするが、チャイタニヤと彼の信者たちも、ジャガンナータ神を讃える歌を歌い踊って、山車の後をついて歩いたに違いない。チャイタニヤは終生プリーで過ごした。ラーダーとクリシュナを崇拝しながら恍惚状態に陥ることもしばしばであったと言われている。

ラーダーとクリシュナの愛の関係

チャイタニヤ自身は『ブラフマ・スートラ』に対する注釈を書いていないから、先の基準に照らせば「宗派」の創設者とは言い難いが、独立した主張をもつ宗派を実質的に創始したことは間違いない。チャイタニヤの伝記として、クリシュナダーサ・カヴィラージャ(クリシュノダーシュ・コヴィラージュ、一五三七―一六一六)が著した『チャイタニヤ・チャリタ・アムリタ』(『チョイトンノ伝』頓宮勝訳)があり、彼の神学もわかりやすく語られている。そのはじめの詩節で次のように言われている。

ラーダーの本質こそはクリシュナの愛の歓喜力そのもので、本質的に一つの両者が、ゴークラ(クリシュナが育った村)では二つの異なる姿を取るものの、カリの時代(末世たる現世)のこの世界、二人が一人のチョイトンノ、その名をとって顕現されるのです。このようにラーダーの情感および美しさを、具えておられるチョイトンノ師に拝礼します。

(初期の嬉戯・第一章第五詩節。頓宮勝訳。( )内は筆者による補い)

チャイタニヤ派にとっての解脱は、ラーダーとクリシュナとの間でなされた神の「嬉戯(リーラー)」を経験することである。もちろんそれは、人間の肉体においてなされるような経験ではなく、霊的で完全な身体においてなされる恒常的で恍惚的な経験である。欲望(カーマ)によって支配されたこの世的な恋愛ではなく、純愛(プレーマ)から生まれるものである。

上の詩に見るように、クリシュナとラーダーは本質的に一体である。クリシュナは、単にヴィシュヌの化身というだけでなく、彼自身が最高の主(ブラフマン)である。彼は、宇宙を繰り返し創造

図15　ラーダー(右)とクリシュナ(左)

し、維持し、破壊する。ラーダーは、そのクリシュナの「力(シャクティ)」であり、この力を通じて宇宙は再生される。クリシュナには様々な力が具わっているが、その力のすべてをラーダーが具現する。上の詩節で言われた「歓喜力」もまたそのひとつである。

チャイタニヤは、「不可思議不一不異説」を説いたと言われるが、これは、クリシュナとラーダーが本来一体であるのに、別個のものとして両者の間に愛が成り立っていることを言うものである。次のように歌われている。

ラーダーは満ち足りた偉力、クリシュナは満ち満ちた偉力所有者。これら二体に相違がないことは聖典が証明しています。(例えば)麝香《じゃこう》とその香りに相違がないように。また、火とその燃やす力に相違がないように。ラーダーとクリシュナは常に本姿はひとつであるものの、嬉戯の情趣を味わうために二つの体となるのです。愛のバクティを教えるために(クリシュナ)御自らの降下、（その際に）ラーダーの情感と肌の輝き二つを身に収め、クリシュノ・チョイトンノ師として権化されたのです。

（同第四章第八三—八七詩節。頓宮勝訳。改行の代わりに句読点を入れた）

「偉力所有者」（シャクティマット）としてのクリシュナと、その「偉力」（シャクティ）としてのラーダーの間の関係が特徴づけられている。両者は、先にシヴァ教のタントラにおいて見たように、男神と女神の関係ともされるが、これはチャイタニヤ派においても同じである。神と女性信者の関係として見られるべきものでは本来ないだろう。

タミルの聖典シヴァ派

ここで再び南インドに目を向けよう。一三世紀には、二元論の聖典シヴァ派がカシミールから消えたことは、第8講において見た通りである。そこでは、南インドに移ったこの派が、バクティ運動と結びつくこと、そして、ヴェーダーンタ哲学の不二一元論の影響を受けて一元論化してしまうことを、予告しておいた。それをここで見ることにしよう。

南インドに移ったこの派は、しばらくの間は、伝統的な神学を保持していた。主（パティ、神）と家畜（パシュ、個我）と索縄（パーシャ、束縛）という三つのカテゴリーを枠組みとし、礼拝儀礼においても二元論を保持していた。しかしながら、それはタミルのシヴァ信仰と結びつくことを余儀なくされた。南インドではタミル語のバクティ運動が盛んであったことは、すでに見てきた通りであるが、シヴァ信仰においても、六三人のタミルの聖者たちの詩が残されている。ヴィシュヌ教のアールヴァールと同様に、シヴァ教にも「ナーヤナール」と呼ばれる聖者詩人たちがいて、タミル語でシヴァへの讃歌を歌い上げた。それらのタミル語の讃歌は、サンスクリットの聖典とともに、シヴァ教の「根本聖典」として重んじられた。こうして聖典シヴァ派は、南インドのシヴァ教として定着することになる。

　人と土地への愛を強調する土着性の強いタミルの文化が、聖典シヴァ派の二元論的シヴァ教を、バクティの宗教へと変容させた。今日でも、タミルの地域では、この派は強い勢力を保持しており、その起源は南インドであると信じられている。「元祖シヴァ教」の祭官グループである「アーディ・シャイヴァ」と呼ばれる五つのバラモン家系に属する者たちが、この派の寺院において礼拝を執行する役割を担っている。

　一方で、この派のシヴァ教は、上述のヴェーダーンタ学派のシャンカラの不二一元説とも結びついてヴェーダーンタ化する。この派の者たちは、ヴェーダーンタ哲学の語彙と概念を使って諸論書を残すようになる。それは、一四世紀にシュリンゲーリとカーンチープラムのシャンカラ派僧院が制度化された時期と重なっているから、当時南インドで盛んとなっていたシャンカラ派による布教活動の影響を受けたものであっただろう。

シヴァ教不二一元派

シヴァ教におけるこうしたヴェーダーンタ化の動きは、この派の中にも『ブラフマ・スートラ』への注釈を書く者が現れてきたことに顕著に表れている。ともに一三世紀から一四世紀にかけての人物で、ひとりは聖典シヴァ派のシュリーカンタ、もうひとりはヴィーラ・シャイヴァ派(リンガーヤタ派)のシュリーパティである。シュリーパティは、その注釈の中で、シュリーカンタをはっきりと批判しているから、時代的にはより若い世代になるだろう。

シュリーパティが属したヴィーラ・シャイヴァ(英雄シヴァ)派は、ヴェーダの儀礼的伝統を明確に否定し、カースト制度を否定し、男性の優位を否定するといったように、バラモン的伝統から見れば極端に異端的な主張を行った者たちである。したがってヒンドゥー教の主流によっては、これを「ヒンドゥー教」と認めることが拒絶されている。他方、ヴィーラ・シャイヴァの方でも、自分たちが「ヒンドゥー教徒」であることをすすんで否定している。それにもかかわらず、『ブラフマ・スートラ』に対する大部で精細な注釈(『シュリーカラ注解』)が作られていることは大変興味深い。その説は、「シャクティ・ヴィシシュタ・アドヴァイタ」と言われている。すなわち、「シャクティによって限定された者としてのシヴァの不二一元説」である。

もう一方のシュリーカンタの『ブラフマ・スートラ』注釈は、「ヴィシシュタ・シヴァ・アドヴァイタ」の立場をとるとシュリーカンタ自身が言っている。「被限定者であるシヴァの不二一元説」ということである。ラーマーヌジャがヴィシュヌ神について言った「被限定者不二一元説」を、シヴァ神に置き換えたものである。

このシュリーカンタの注釈に対しては、アッパヤ・ディークシタ(一五二〇―一五九三)によって複注も書かれている。彼は当時の一級の知識人で、その複注は、晦渋なシュリーカンタの注釈を明解に解説したものとなっている。彼の注釈者としての意図は明確で、二元説、被限定者不二一元説、不二一元説の三つのヴェーダーンタ説と並んで、「シヴァ教不二一元説(シャイヴァ・アドヴァイタ)」を説く独立した宗派を確立し、ヴィシュヌ教ヴェーダーンタの諸宗派と同様の正統的な立場に立つことを目的としたものであった。こうしてシヴァ教の伝統もまたヴェーダーンタ哲学の正統主義の流れに合流したのである。

シャンカラ派

八世紀のヴェーダーンタ不二一元論の哲学者で初代のシャンカラは、ヴィシュヌ教徒であった。そして、ヴィシュヌ教であれシヴァ教であれタントラ的な実践を断固として拒否し、それを批判した者であった。それがなぜ、タントラ的な聖典シヴァ派と結びつくことになったのか。本講も終わりに近づいたのに、私にはこの点がまだ実のところ理解できてない。しかし歴史的な事実として次のようなことは確認できる。

シャンカラ派は、一四世紀になって南インドにヴィジャヤナガラの王国が成立すると、劇的に勢力を拡大し始めている。シャンカラ派僧院の代表格であるシュリンゲーリ僧院の院長で第一二代世師(ジャガッドグル)であったヴィディヤーランヤは、初代のヴィジャヤナガラ王の特別な庇護を得ていた。豊富な寄付を受け、寺院は建て替えられ、もとは初代シャンカラによって安置されたという木製のシャーラダー女神像が黄金製に置き換えられたと言われている。こうした寺院は、国の守護神としてのシヴァ神をまつっていた。それは、当時支配力を増しつつあったイスラーム勢力に対抗するための、バラモンの側からの復古運動であったと言ってもよいだろう。シャンカラ派の僧院は、政治的な権力の後ろ楯を得てその組織化が行われたのである。

その頃の南インドにはシヴァ教の大寺院が多数あり、主として聖典シヴァ派の僧侶によって運営されていた。そこで執行される儀礼は、かつてのような入信者のための儀礼というよりは、寺院付き祭官となるための資格を与える儀式となったものであった。タントラの儀礼の文献は、寺院建築のための祭式書、王の即位・聖別(灌頂)のための典礼書、民間の礼拝手引書となっており、それが聖典シヴァ派の僧侶たちによって現在まで伝えられている。こうした僧侶たちを弟子として取り込み養成したのがシャンカラ派の僧院であったと思われる。

今日でも、シャンカラ派のバラモンの姿を見つけることはそれほど難しくない。額に聖灰で横向きに三本線――シヴァ神崇拝を現す――を描き、その真ん中に色粉（ターメリックの粉）で朱色の丸を描いて自派の目印にしているからである。それは、額に縦向きの三本線を描いてしるしにしているヴィシュヌ神崇拝者とは一目で区別できる。おそらくそれは同じヴェーダーンタ哲学を奉じていても、ヴィシュヌ教徒であったラーマーヌジャやマドヴァではなく、シャンカラの不二一元説の信奉者であることを示しているのだろう。

このようなシャンカラ派の信者は、南インドとグジャラートに多く見られる。シャンカラの教えに従って非人格的絶対神たるブラフマンを信じ、人格神にはこだわらないようで、日常的な祭祀においては、ヴィシュヌ、シヴァ、ドゥルガー女神、スーリヤ、ガネーシャの五神に礼拝している。こうして見れば結局のところ、シャンカラ派のバラモンとはヴェーダの権威を重んじる正統派の者たち（「スマールタ」）ということになる。

ムガル皇帝アクバルの登場と近世のはじまり

一三世紀初頭から、北インドはデリー＝スルタン朝が続いていたことは先に述べたが、時にその勢力は南インドにまで及ぶことがあった。しかし、一五二六年に、バーブルがローディー朝の大軍をデリー近郊で打ち破り、ここにデリー＝スルタン朝は終わり、ムガル帝国が樹立される。

第二代皇帝アクバルは、第2講でも触れたように諸宗教に対して寛容であったことで知られ、イスラームとヒンドゥー教の融和政策をとったが、その背景には、イスラーム教の民衆的な神秘主義運動であるスーフィズムの影響があっただろう。スーフィズムは一三世紀以降には北インドでも盛んになり、バクティ運動と共鳴するものであった。

また、詩人カビール(一三九八―一四四八頃)やシク教の開祖ナーナク(一四六九―一五三八)のように、イスラームとヒンドゥー教の両方からの影響を受けながら、宗教改革に臨んだ者もいた。カビールは、ヒンディー語で神への讃歌を歌って民衆を魅了し、現代のヒンドゥー教徒からもイスラーム教徒からも慕われているし、ナーナクのシク教は、パンジャブ州を中心に現在二四〇〇万ほどの信者数となっている。

しかし、一七世紀後半にムガル帝国は全盛期を迎え、第六代皇帝アウラングゼーブの時代には南インドを含めた全インドがその版図に入る。彼はイスラームを絶対のものとして、従来のヒンドゥー教への融和策は突然に放棄されることになる。

ヒンドゥー教の誕生

一六世紀から一七世紀の南インドにおいては、「シヴァ教不二一元説」を唱える勢力が大勢を占めるようになっていた。ヴィシュヌ教においても、一元論的な傾向をもつ宗派が次々と成立したことは先に見た通りである。繰り返しになるが、こうした者たちは、『ブラフマ・スートラ』への注釈を書くという共通の基盤の上に、自分たちのアイデンティティーを据えようとした。

そうした方向へと向かわせた原因のひとつとして考え得るのは、厳然たる他者として立ち現れてきたイスラームの影響であっただろう。イスラームに対抗すべく、『ブラフマ・スートラ』を根本聖典としてそれぞれが独自の解釈を競い合った結果として宗派が成立してきた。そして、部分としてのセクトが成立した時に、それらを包摂する全体としての「ヒンドゥー教」の観念が誕生したと考えられる。

「ヒンドゥー教(Hinduism)」という語が、英語でインド人自身によってはじめて使われたのは、一八一六年にラームモーハン・ローイによってであったと第1講で言ったが、それは、キリスト教やイスラーム教、仏教という他者との対比の中で「ヒンドゥー教」もまた普遍宗教たり得るということを言おうとしたものであった。また、「ヒンドゥー」という語が、「ムスリム」との対比の中で使われたということもすでに述べたが、この語が、実際の碑文の中で、「ヒンドゥーの王たちの中のスルタン」という言い方ではじめて現れるのは一三五二年のことである。自分たちを「ヒンドゥー」として意識したのは、やはり「イスラーム」という他者との遭遇を通してのことであった。

しかし、それだけではない。本講で述べてきたようなヴェーダーンタ哲学的一元論化の波によって、シヴァ神やヴィシュヌ神は、絶対的で非人格的なブラフマン、つまりヴェーダにおける最高原理と同一視されるようになっていた。そこでは、もはやシヴァ教やヴィシュヌ教の個性は消え去り、すべてヴェーダの伝統を引き継ぐ宗教としての「ヒンドゥー教」の内に包摂されることになったのである。いやむしろ、その時にはじめて、「ヒンドゥー教」という全体概念が生まれたと言うべきであろう。

あとがき

「ヒンドゥー教とは何か」という問いかけから本書は始まりました。この問いに答える方法としては、二つが考えられます。ひとつは、「ヒンドゥー教」と呼ばれるものの全体に対して普遍的に当てはまる定義を与えようとする試みです。もうひとつは、「ヒンドゥー教」と言われる現象を構成している様々な要素を取りだして、作為的な統一的解釈を加えることなく、それをありのままに記述する方法です。

前者は、結局のところ、ヴェーダとの何らかのつながりを「ヒンドゥー教」と呼ばれるあらゆる事象の内に見出して、その連続性においてそれを語ろうとします。すべてはヴェーダに由来するという考え方が、近代において「ネオ・ヒンドゥイズム」という復古主義的な運動として現れたことは第1講でも述べました。また、近世においてヒンドゥー教の諸宗派(セクト)が成立してきたときに、それらの宗派のどれもが『ブラフマ・スートラ』というヴェーダーンタの根本経典を拠り所として、ヴェーダに基づく正統性を主張したことも第10講において見たところです。

この態度は、結局のところ「インド的なもの」の代名詞とも言える「多様性」を抹消してしまって、「ヒンドゥトヴァ」一色に染め上げてしまう危険性をはらんでいるように思います。もちろんインドをよく知っている人は、そんなことはあり得ないと言うでしょう。「多様性」といってもインドのは並のものではない、何といっても「無限の多様性」なんだから、それを消し去るなどということは不可能だと言うに違いありません。しかし、そんなふうに安心ばかりはしていられない状況が、インドはおろか世界の各地で、この日本の中においてさえも、続いているように思います。文化の多様性を破壊する力は、何も自然の力ばかりではありません。少数者への暴力的な政治的支配はそこいらじゅうに蔓延しています。

しかし、矛盾したことを言うようですが、インドの諸宗教には共通したひとつの理念があります。「非暴力(アヒンサー)」です。この理念だけは棄てないで欲しいと思います。棄てたくないと思います。多様性を認め合い、互いに寛容であり、どのような時にも非暴力であり続けること。これがとてつもなく困難な実践であることは、ついこの間まで非暴力という理念の体現者だと思われていた人物が、往々にして政治的な権力を得たとたんにやすやすとその理念を棄ててしまうのを見てもわかります。

しかし、インドの歴史の中にはときどきそんな理念が実現したかに思える時期もあります。たとえばアクバル帝の時代がそうでした。アクバルはイスラームとヒンドゥーの融和をはかり、寛容な宗教政策をとったことで有名です(もっとも、巨大な軍隊をもっていたことも確かです。しかし理想の宗教都市を築こうとしたことも事実です）。その彼が、いまやインドでは極悪非道の人間とされ、アクバルからその名を借りたデリー市内の幹線道路は二〇一六年に突然名称変更されてしまいました。本文でも触れたクンバメーラーで有名なアクバルゆかりのアッラーハーバードは、二〇一八年に、その正式名称を「プラヤーグラージャ」とすると州政府によって決められました。確かに「プラヤーガ」は、ヤムナー川とガンジス川が合流する聖地を示す古い地名であり、玄奘三蔵によっても「鉢羅耶伽」として記録されていますから、旧に復したということであるのでしょうが。また、一方のパキスタンでもアクバルは評判がよくありません。ヒンドゥー教と仲良くしたからということのようです。お互い、ほんのちょっと見方を変えるだけで、寛容になれると思うのですが、なんとかならないものでしょうか。

イスラームとヒンドゥーの歴史的な関係については、本書ではほとんど検討することができませんでした。他にも十分に論じなかったことはたくさんあります。たとえば、クリシュナについて、また女神について。最初の構想では、この二つは本講で扱う予定の重要なテーマでした。しかしうまくまとめきることができませんでした。

今回もまた、編集の杉田守康さんには、最初の構想段階からお世話になりました。最後の正念場で、新型コロナウイルスの感染拡大という思ってもみない事態に見舞われ、それによってあからさまになったあれこれのことに心が奪われて、一時は停滞してしまった仕上げの作業を、なんとか完成することができたのも、伴走しながらペースを調整して下さった杉田さんのおかげです。「理解できない」、「もっと簡明に」というご指摘に、頭を抱えることもありましたが、核心を突いた意見をもらって見通しが立ったこともたびたびでした。心から感謝申し上げます。

前著『インド哲学10講』では使用しなかったのですが、今回は多様なヒンドゥー教の世界を覗いてみるために写真や図版を使ってみました。写真は、インドなどアジア世界を中心に長年活躍され、立川武蔵先生の本などの写真でも有名な大村次郷氏に提供していただきました。印象深い写真を使わせていただき、ありがとうございました。また秋野不矩さんの画を使わせていただきました。これも杉田さんのアイデアですが、関係の皆様に感謝申し上げます。

今回も、この本になるまでに多くの方々のお世話になりました。すべての皆様にようやく完成したことを報告するとともに、心からお礼申し上げます。

二〇二一年一月

赤松明彦

(2018. 11)　(J2)

岩波新書より

宗教

初期仏教 ブッダの思想をたどる	馬場紀寿
内村鑑三 悲しみの使徒	若松英輔
パウロ 十字架の使徒	青野太潮
弘法大師空海と出会う	川﨑一洋
高野山	松長有慶
マルティン・ルター	徳善義和
教科書の中の宗教	藤原聖子
『教行信証』を読む 親鸞の世界へ	山折哲雄
国家神道と日本人	島薗進
聖書の読み方	大貫隆
寺よ、変われ	高橋卓志
親鸞をよむ	山折哲雄
日本宗教史	末木文美士
中世神話	山本ひろ子
法華経入門	菅野博史
イスラム教入門	中村廣治郎
ジャンヌ・ダルクと蓮如	大谷暢順
蓮如	五木寛之
キリスト教と笑い	宮田光雄
密教	松長有慶
仏教入門	三枝充悳
モーセ	浅野順一
イスラーム(回教)	蒲生礼一
背教者の系譜	武田清子
聖書入門	小塩力
イエスとその時代	荒井献
慰霊と招魂	村上重良
国家神道	村上重良
お経の話	渡辺照宏
日本の仏教	渡辺照宏
仏教〔第二版〕	渡辺照宏
チベット	多田等観
禅と日本文化	鈴木大拙 北川桃雄訳

心理・精神医学

モラルの起源	亀田達也
トラウマ	宮地尚子
自閉症スペクトラム障害	平岩幹男
自殺予防	高橋祥友
だます心だまされる心	安斎育郎
痴呆を生きるということ	小澤勲
快適睡眠のすすめ	堀忠雄
精神病	笠原嘉
やさしさの精神病理	大平健
生涯発達の心理学	高橋惠子 波多野誼余夫
コンプレックス	河合隼雄

福祉・医療

- 賢い患者　山口育子
- ルポ 看護の質　小林美希
- 健康長寿のための医学　井村裕夫
- 不眠とうつ病　清水徹男
- 在宅介護　結城康博
- 和漢診療学 あたらしい漢方　寺澤捷年
- 不可能を可能に 点字の世界を駆けぬける　田中徹二
- 医と人間　井村裕夫編
- 医療の選択　桐野高明
- 納得の老後 日欧在宅ケア探訪　村上紀美子
- 移植医療　橳島次郎・出河雅彦
- 医学的根拠とは何か　津田敏秀
- 転倒予防　武藤芳照
- 看護の力　川嶋みどり
- 心の病 回復への道　野中猛
- 重い障害を生きるということ　高谷清
- 肝臓病　渡辺純夫
- 感染症と文明　山本太郎
- ルポ 認知症ケア最前線　佐藤幹夫
- 医の未来　矢﨑義雄編
- パンデミックとたたかう　押谷仁・瀬名秀明
- 健康不安社会を生きる　飯島裕一編著
- 介護 現場からの検証　結城康博
- 腎臓病の話　椎貝達夫
- がんとどう向き合うか　額田勲
- がん緩和ケア最前線　坂井かをり
- 人はなぜ太るのか　岡田正彦
- 児童虐待　川﨑二三彦
- 生老病死を支える　方波見康雄
- 医療の値段　結城康博
- 認知症とは何か　小澤勲
- 障害者とスポーツ　高橋明
- 生体肝移植　後藤正治
- 放射線と健康　舘野之男
- 定常型社会 新しい「豊かさ」の構想　広井良典
- 健康ブームを問う　飯島裕一編著
- 血管の病気　田辺達三
- 医の現在　高久史麿編
- 日本の社会保障　広井良典
- 居住福祉　早川和男
- 高齢者医療と福祉　岡本祐三
- 看護 ベッドサイドの光景　増田れい子
- 医療の倫理　星野一正
- 体験ルポ 世界の高齢者福祉　山井和則
- リハビリテーション　砂原茂一
- 指と耳で読む　本間一夫
- 自分たちで生命を守った村　菊地武雄

岩波新書より

多民族国家 中国　王　柯
国連とアメリカ　最上敏樹
東アジア共同体　谷口　誠
ヨーロッパとイスラーム　内藤正典
現代の戦争被害　小池政行
帝国を壊すために　アルンダティ・ロイ　本橋哲也訳
多文化世界　青木　保
デモクラシーの帝国　藤原帰一
パレスチナ〔新版〕　広河隆一
人道的介入　最上敏樹
異文化理解　青木　保
ロシア市民　中村逸郎
ロシア経済事情　小川和男
南アフリカ「虹の国」への歩み　峯　陽一
ユーゴスラヴィア現代史　柴　宜弘
ビルマ「発展」のなかの人びと　田辺寿夫
東南アジアを知る　鶴見良行
獄中19年　徐　勝

モンゴルに暮らす　一ノ瀬恵
チェルノブイリ報告　広河隆一
イスラームの日常世界　片倉もとこ
サッチャー時代のイギリス　森嶋通夫
エビと日本人　村井吉敬
バナナと日本人　鶴見良行
韓国からの通信　T・K生　「世界」編集部編
現代支那論　尾崎秀実

岩波新書より

現代世界

トランプのアメリカに住む　吉見俊哉
ライシテから読む現代フランス　伊達聖伸
ベルルスコーニの時代　村上信一郎
イスラーム主義　末近浩太
ルポ 不法移民 アメリカ国境を越えた男たち　田中研之輔
習近平の中国 百年の夢と現実　林望
日中漂流　毛里和子
中国のフロンティア　川島真
シリア情勢　青山弘之
ルポ トランプ王国　金成隆一
ルポ 難民追跡 バルカンルートを行く　坂口裕彦
アメリカ政治の壁　渡辺将人
プーチンとG8の終焉　佐藤親賢
香港 中国と向き合う自由都市　倉田徹／張イクマン
〈文化〉を捉え直す　渡辺靖

イスラーム圏で働く　桜井啓子編
中南海 知られざる中国の中枢　稲垣清
フォト・ドキュメンタリー 人間の尊厳　林典子
㈱貧困大国アメリカ　堤未果
女たちの韓流　山下英愛
新・現代アフリカ入門　勝俣誠
中国の市民社会　李妍焱
勝てないアメリカ　大治朋子
ブラジル 跳躍の軌跡　堀坂浩太郎
非アメリカを生きる　室謙二
ネット大国中国　遠藤誉
中国は、いま　国分良成編
ジプシーを訪ねて　関口義人
中国エネルギー事情　郭四志
アメリカン・デモクラシーの逆説　渡辺靖
ユーラシア胎動　堀江則雄
オバマ演説集　三浦俊章編訳
ルポ 貧困大国アメリカII　堤未果

オバマは何を変えるか　砂田一郎
イスラエル　臼杵陽
ネイティブ・アメリカン　鎌田遵
アフリカ・レポート　松本仁一
ヴェトナム新時代　坪井善明
イラクは食べる　酒井啓子
ルポ 貧困大国アメリカ　堤未果
エビと日本人II　村井吉敬
北朝鮮は、いま　北朝鮮研究学会編／石坂浩一監訳
欧州連合 統治の論理とゆくえ　庄司克宏
バチカン　郷富佐子
国際連合 軌跡と展望　明石康
アメリカよ、美しく年をとれ　猿谷要
日中関係 戦後から新時代へ　毛里和子
いま平和とは　最上敏樹
「民族浄化」を裁く　多谷千香子
サウジアラビア　保坂修司
中国激流 13億のゆくえ　興梠一郎

岩波新書より

変えてゆく勇気	上川あや
戦争で死ぬ、ということ	島本慈子
社会学入門	見田宗介
冠婚葬祭のひみつ	斎藤美奈子
壊れる男たち	金子雅臣
少年事件に取り組む	藤原正範
いまどきの「常識」	香山リカ
働きすぎの時代	森岡孝二
桜が創った「日本」	佐藤俊樹
生きる意味	上田紀行
ルポ 戦争協力拒否	吉田敏浩
ウォーター・ビジネス	中村靖彦
男女共同参画の時代	鹿嶋敬
当事者主権	中西正司 上野千鶴子
ルポ 解雇	島本慈子
豊かさの条件	暉峻淑子
人生案内	落合恵子
若者の法則	香山リカ
自白の心理学	浜田寿美男
原発事故はなぜくりかえすのか	高木仁三郎
日本の近代化遺産	伊東孝
証言 水俣病	栗原彬編
コンクリートが危ない	小林一輔
東京国税局査察部	立石勝規
ドキュメント 屠場	鎌田慧
能力主義と企業社会	熊沢誠
沖縄 平和の礎	大田昌秀
現代社会の理論	見田宗介
原発事故を問う	七沢潔
災害救援	野田正彰
命こそ宝 沖縄反戦の心	阿波根昌鴻
スパイの世界	中薗英助
都市開発を考える	大野輝之 レイコ・ハベ・エバンス
ディズニーランドという聖地	能登路雅子
原発はなぜ危険か	田中三彦
豊かさとは何か	暉峻淑子
農の情景	杉浦明平
光に向って咲け	粟津キヨ
異邦人は君ヶ代丸に乗って	金賛汀
読書と社会科学	内田義彦
科学文明に未来はあるか	野坂昭如編著
プルトニウムの恐怖	高木仁三郎
社会科学における人間	大塚久雄
沖縄ノート	大江健三郎
地の底の笑い話	上野英信
この世界の片隅で	山代巴編
音から隔てられて	入谷仙介 林瓢介編
ものいわぬ農民	大牟羅良
民話を生む人々	山代巴
死の灰と闘う科学者	三宅泰雄
米軍と農民	阿波根昌鴻
沖縄からの報告	瀬長亀次郎
暗い谷間の労働運動	大河内一男
ユダヤ人	J-P・サルトル 安堂信也訳
社会認識の歩み	内田義彦
社会科学の方法	大塚久雄

岩波新書より

食と農でつなぐ 福島から　塩谷弘康・岩崎由美子
過労自殺〔第二版〕　川人博
金沢を歩く　山出保
ドキュメント 豪雨災害　稲泉連
ひとり親家庭　赤石千衣子
女のからだ フェミニズム以後　荻野美穂
〈老いがい〉の時代　天野正子
子どもの貧困Ⅱ　阿部彩
性と法律　角田由紀子
ヘイト・スピーチとは何か　師岡康子
生活保護から考える　稲葉剛
かつお節と日本人　宮内泰介・藤林泰
家事労働ハラスメント　竹信三恵子
福島原発事故 県民健康管理調査の闇　日野行介
電気料金はなぜ上がるのか　朝日新聞経済部
おとなが育つ条件　柏木惠子
在日外国人〔第三版〕　田中宏
まち再生の術語集　延藤安弘

震災日録 記憶を記録する　森まゆみ
原発をつくらせない人びと　山秋真
社会人の生き方　暉峻淑子
構造災 科学技術社会に潜む危機　松本三和夫
家族という意志　芹沢俊介
ルポ 良心と義務　田中伸尚
飯舘村は負けない　千葉悦子・松野光伸
夢よりも深い覚醒へ　大澤真幸
子どもの声を社会へ　桜井智恵子
就職とは何か　森岡孝二
日本のデザイン　原研哉
ポジティヴ・アクション　辻村みよ子
脱原子力社会へ　長谷川公一
希望は絶望のど真ん中に　むのたけじ
福島 原発と人びと　広河隆一
アスベスト 広がる被害　大島秀利
原発を終わらせる　石橋克彦編
日本の食糧が危ない　中村靖彦
勲章 知られざる素顔　栗原俊雄

希望のつくり方　玄田有史
生き方の不平等　白波瀬佐和子
同性愛と異性愛　風間孝・河口和也
贅沢の条件　山田登世子
新しい労働社会　濱口桂一郎
世代間連帯　上野千鶴子・辻元清美
道路をどうするか　五十嵐敬喜・小川明雄
子どもの貧困　阿部彩
子どもへの性的虐待　森田ゆり
戦争絶滅へ、人間復活へ　むのたけじ・黒岩比佐子聞き手
テレワーク 「未来型労働」の現実　佐藤彰男
反貧困　湯浅誠
不可能性の時代　大澤真幸
地域の力　大江正章
グアムと日本人 戦争を埋立てた楽園　山口誠
少子社会日本　山田昌弘
親米と反米　吉見俊哉
「悩み」の正体　香山リカ

社会

サイバーセキュリティ　谷脇康彦
まちづくり都市 金沢　山出保
虚偽自白を読み解く　浜田寿美男
総介護社会　小竹雅子
戦争体験と経営者　立石泰則
住まいで「老活」　安楽玲子
現代社会はどこに向かうか　見田宗介
EVと自動運転 クルマをどう変えるか　鶴原吉郎
ルポ 保育格差　小林美希
津波災害〔増補版〕　河田惠昭
棋士とAI　王銘琬
原子力規制委員会　新藤宗幸
東電原発裁判　添田孝史
日本問答　田中優子 松岡正剛
日本の無戸籍者　井戸まさえ
〈ひとり死〉時代のお葬式とお墓　小谷みどり

町を住みこなす　大月敏雄
親権と子ども　榊原富士子 池田清貴
歩く、見る、聞く 人びとの自然再生　宮内泰介
対話する社会へ　暉峻淑子
悩みいろいろ　金子勝
魚と日本人 食と職の経済学　濱田武士
ルポ 貧困女子　飯島裕子
鳥獣害 動物たちと、どう向きあうか　祖田修
科学者と戦争　池内了
新しい幸福論　橘木俊詔
ブラックバイト 学生が危ない　今野晴貴
原発プロパガンダ　本間龍
ルポ 母子避難　吉田千亜
日本にとって沖縄とは何か　新崎盛暉
日本病 長期衰退のダイナミクス　金子勝 児玉龍彦
雇用身分社会　森岡孝二
生命保険とのつき合い方　出口治明

ルポ にっぽんのごみ　杉本裕明
鈴木さんにも分かるネットの未来　川上量生
地域に希望あり　大江正章
世論調査とは何だろうか　岩本裕
フォト・ストーリー 沖縄の70年　石川文洋
ルポ 保育崩壊　小林美希
多数決を疑う 社会的選択理論とは何か　坂井豊貴
アホウドリを追った日本人　平岡昭利
朝鮮と日本に生きる　金時鐘
被災弱者　岡田広行
農山村は消滅しない　小田切徳美
復興〈災害〉　塩崎賢明
「働くこと」を問い直す　山崎憲
原発と大津波 警告を葬った人々　添田孝史
縮小都市の挑戦　矢作弘
福島原発事故 被災者支援政策の欺瞞　日野行介
日本の年金　駒村康平

岩波新書より

経済

日本の税金〔第3版〕　三木義一
金融政策に未来はあるか　岩村充
経済数学入門の入門　田中久稔
地元経済を創りなおす　枝廣淳子
会計学の誕生　渡邉泉
偽りの経済政策　服部茂幸
ミクロ経済学入門の入門　坂井豊貴
経済学のすすめ　佐和隆光
ガルブレイス　伊東光晴
ユーロ危機とギリシャ反乱　田中素香
ポスト資本主義　科学・人間・社会の未来　広井良典
タックス・イーター　志賀櫻
コーポレート・ガバナンス　花崎正晴
グローバル経済史入門　杉山伸也
新・世界経済入門　西川潤
金融政策入門　湯本雅士
日本経済図説〔第四版〕　宮崎勇　本庄真　田谷禎三

新自由主義の帰結　服部茂幸
タックス・ヘイブン　志賀櫻
WTO　貿易自由化を超えて　中川淳司
日本財政　転換の指針　井手英策
日本の税金〔新版〕　三木義一
世界経済図説〔第三版〕　宮崎勇　田谷禎三
成熟社会の経済学　小野善康
平成不況の本質　大瀧雅之
原発のコスト　大島堅一
次世代インターネットの経済学　依田高典
ユーロ　危機の中の統一通貨　田中素香
低炭素経済への道　諸富徹　浅岡美恵
「分かち合い」の経済学　神野直彦
グリーン資本主義　佐和隆光
消費税をどうするか　小此木潔
国際金融入門〔新版〕　岩田規久男
金融商品とどうつき合うか　新保恵志

金融NPO　藤井良広
地域再生の条件　本間義人
経済データの読み方〔新版〕　鈴木正俊
格差社会　何が問題なのか　橘木俊詔
景気とは何だろうか　山家悠紀夫
環境再生と日本経済　三橋規宏
社会的共通資本　宇沢弘文
景気と国際金融　小野善康
経営革命の構造　米倉誠一郎
ブランド　価値の創造　石井淳蔵
景気と経済政策　小野善康
戦後の日本経済　橋本寿朗
共生の大地　新しい経済がはじまる　内橋克人
シュンペーター　伊東光晴　根井雅弘
経済学の考え方　宇沢弘文
経済学とは何だろうか　佐和隆光
イギリスと日本　森嶋通夫
近代経済学の再検討　宇沢弘文

法律

- 治安維持法と共謀罪　内田博文
- 裁判の非情と人情　原田國男
- 独占禁止法〔新版〕　村上政博
- 密着 最高裁のしごと　川名壮志
- 「法の支配」とは何か 行政法入門　大浜啓吉
- 会社法入門〔新版〕　神田秀樹
- 憲法への招待〔新版〕　渋谷秀樹
- 比較のなかの改憲論　辻村みよ子
- 大災害と法　津久井進
- 変革期の地方自治法　兼子仁
- 原発訴訟　海渡雄一
- 労働法入門　水町勇一郎
- 人が人を裁くということ　小坂井敏晶
- 知的財産法入門　小泉直樹
- 消費者の権利〔新版〕　正田彬
- 司法官僚 裁判所の権力者たち　新藤宗幸
- 名誉毀損　山田隆司
- 刑法入門　山口厚
- 家族と法　二宮周平
- 憲法とは何か　長谷部恭男
- 良心の自由と子どもたち　西原博史
- 著作権の考え方　岡本薫
- 有事法制批判　憲法再生フォーラム編
- 法とは何か〔新版〕　渡辺洋三
- 民法のすすめ　星野英一
- 日本社会と法　渡辺洋三・甲斐道太郎・広渡清吾・小森田秋夫編
- 日本の憲法〔第三版〕　長谷川正安
- 憲法と天皇制　横田耕一
- 自由と国家　樋口陽一
- 憲法第九条　小林直樹
- 納税者の権利　北野弘久
- 小繋事件　戒能通孝
- 日本人の法意識　川島武宜

カラー版

- カラー版 国芳　岩切友里子
- カラー版 知床・北方四島　大泰司紀之・本間浩昭
- カラー版 西洋陶磁入門　大平雅巳
- カラー版 すばる望遠鏡の宇宙　海部宣男・宮下曉彦写真
- カラー版 ベトナム 戦争と平和　石川文洋
- カラー版 難民キャンプの子どもたち　田沼武能
- カラー版 メッカ　野町和嘉
- カラー版 シベリア動物誌　福田俊司
- カラー版 ハッブル望遠鏡が見た宇宙　野本陽代・R・ウィリアムズ
- カラー版 妖怪画談　水木しげる

岩波新書より

政治

日米安保体制史　吉次公介
官僚たちのアベノミクス　軽部謙介
在日米軍　変貌する日米安保体制　梅林宏道
憲法改正とは何だろうか　高見勝利
共生保障〈支え合い〉の戦略　宮本太郎
シルバー・デモクラシー　戦後世代の覚悟と責任　寺島実郎
憲法と政治　青井未帆
18歳からの民主主義　岩波新書編集部編
検証　安倍イズム　柿崎明二
右傾化する日本政治　中野晃一
外交ドキュメント　歴史認識　服部龍二
日米〈核〉同盟　原爆、核の傘、フクシマ　太田昌克
集団的自衛権と安全保障　豊下楢彦・古関彰一
日本は戦争をするのか　半田滋
アジア力の世紀　進藤榮一

民族紛争　月村太郎
自治体のエネルギー戦略　大野輝之
政治的思考　杉田敦
現代日本の政党デモクラシー　中北浩爾
サイバー時代の戦争　谷口長世
現代中国の政治　唐亮
日本の国会　大山礼子
戦後政治史〔第三版〕　石川真澄・山口二郎
〈私〉時代のデモクラシー　宇野重規
大臣〔増補版〕　菅直人
生活保障　排除しない社会へ　宮本太郎
「ふるさと」の発想　西川一誠
「戦地」派遣　変わる自衛隊　半田滋
民族とネイション　塩川伸明
昭和天皇　原武史
集団的自衛権とは何か　豊下楢彦
沖縄密約　西山太吉
ルポ改憲潮流　斎藤貴男

吉田茂　原彬久
安心のファシズム　斎藤貴男
市民の政治学　篠原一
東京都政　佐々木信夫
有事法制批判　憲法再生フォーラム編
日本政治　再生の条件　山口二郎編著
安保条約の成立　豊下楢彦
岸信介　原彬久
自由主義の再検討　藤原保信
一九六〇年五月一九日　日高六郎編
日本の政治風土　篠原一
近代の政治思想　福田歓一
日本精神と平和国家　矢内原忠雄

岩波新書新赤版一〇〇〇点に際して

ひとつの時代が終わったと言われて久しい。だが、その先にいかなる時代を展望するのか、私たちはその輪郭すら描きえていない。二〇世紀から持ち越した課題の多くは、未だ解決の緒を見つけることのできないままであり、二一世紀が新たに招きよせた問題も少なくない。グローバル資本主義の浸透、憎悪の連鎖、暴力の応酬——世界は混沌として深い不安の只中にある。

現代社会においては変化が常態となり、速さと新しさに絶対的な価値が与えられた。消費社会の深化と情報技術の革命は、種々の境界を無くし、人々の生活やコミュニケーションの様式を根底から変容させてきた。ライフスタイルは多様化し、一面では個人の生き方をそれぞれが選びとる時代が始まっている。同時に、新たな格差が生まれ、様々な次元での亀裂や分断が深まっている。社会や歴史に対する意識が揺らぎ、普遍的な理念に対する根本的な懐疑や、現実を変えることへの無力感がひそかに根を張りつつある。そして生きることに誰もが困難を覚える時代が到来している。

しかし、日常生活のそれぞれの場で、自由と民主主義を獲得し実践することを通じて、私たち自身がそうした閉塞を乗り超え、希望の時代の幕開けを告げてゆくことは不可能ではあるまい。そのために、いま求められていること——それは、個と個の間で開かれた対話を積み重ねながら、人間らしく生きることの条件について一人ひとりが粘り強く思考することではないか。その営みの糧となるものが、教養に外ならないと私たちは考える。歴史とは何か、よく生きるとはいかなることか、世界そして人間はどこへ向かうべきなのか——こうした根源的な問いとの格闘が、文化と知の厚みを作り出し、個人と社会を支える基盤としての教養となった。まさにそのような教養への道案内こそ、岩波新書が創刊以来、追求してきたことである。

岩波新書は、日中戦争下の一九三八年一一月に赤版として創刊された。創刊の辞は、道義の精神に則らない日本の行動を憂慮し、批判的精神と良心的行動の欠如を戒めつつ、現代人の現代的教養を刊行の目的とする、と謳っている。以後、青版、黄版、新赤版と装いを改めながら、合計二五〇〇点余りを世に問うてきた。そして、いままた新赤版が一〇〇〇点を迎えたのを機に、人間の理性と良心への信頼を再確認し、それに裏打ちされた文化を培っていく決意を込めて、新しい装丁のもとに再出発したいと思う。一冊一冊から吹き出す新風が一人でも多くの読者の許に届くこと、そして希望ある時代への想像力を豊かにかき立てることを切に願う。

（二〇〇六年四月）

赤松明彦

1953年，京都府生まれ．1983年，パリ第3(新ソルボンヌ)大学大学院博士課程修了．
現在―京都大学名誉教授
専攻―インド哲学
著書―『インド哲学10講』(岩波新書)
『『バガヴァッド・ギーター』――神に人の苦悩は理解できるのか？』(岩波書店)
『楼蘭王国』(中公新書)
バルトリハリ『古典インドの言語哲学』1・2(訳注，平凡社東洋文庫)
『東アジアの死刑』(共著，京都大学学術出版会)
『知のたのしみ　学のよろこび』(共著，岩波書店) ほか

ヒンドゥー教10講　　岩波新書(新赤版)1867

2021年2月19日　第1刷発行

著　者　赤松明彦《あかまつあきひこ》

発行者　岡本　厚

発行所　株式会社 岩波書店
〒101-8002 東京都千代田区一ツ橋2-5-5
案内 03-5210-4000　営業部 03-5210-4111
https://www.iwanami.co.jp/

新書編集部 03-5210-4054
https://www.iwanami.co.jp/sin/

印刷・三陽社　カバー・半七印刷　製本・中永製本

ISBN 978-4-00-431867-5　　Printed in Japan

略年表

（本書の主な関連事項と登場人物，年代の多くは推定）

西暦	事　項（右は主な王朝・君主）
B.C.	
3500	ドラヴィダ系民族がインド北西部に移住
3000	インダス川流域に農耕文化
2500	【時代層 I　インダス文明（前 2500–前 1500 年）】
2000	インダス文明諸都市（ハラッパー，モヘンジョ・ダロ，ロータル，
1500	ドーラヴィーラーなど）が栄える
	【時代層 II　ヴェーダの時代（前 1500–前 500 年）】
	アーリヤ人がインド西北部に進入，パンジャブ地方に定住始める
	『アヴェスター』『ヴェーダ』の原形が成立
1000	祭祀における神々への讃歌『リグ・ヴェーダ』編纂
	祭祀における呪文集『アタルヴァ・ヴェーダ』編纂
	アーリヤ人が東に移住開始
	祭祀に関わる事柄を解釈説明する「ブラーフマナ文献」成立
	思弁的，哲学的な内容をもつ『ブリハッド・アーラニヤカ・ウパニ
500	シャッド』『チャーンドーギヤ・ウパニシャッド』成立
	【時代層 III　叙事詩とプラーナの時代（前 500–後 500 年）】
	アーリヤ人がガンジス川中流域の平原に定住し都市を建設
	パーニニのサンスクリット文法規則集『パーニニ・スートラ』成立
400	ブッダやマハーヴィーラなど出家苦行者が活動
	マウリヤ朝（前 317-前 180）
300	メガステネス『インド誌』がヴァースデーヴァ信仰を報告
	『カタ・ウパニシャッド』成立
	アショーカ王（在位前 268-前 232）
	（南）**チョーラ朝**（前 3 世紀-後 3 世紀）
200	『シュヴェーターシュヴァタラ・ウパニシャッド』成立
	シュンガ朝（前 180-前 75）
	パタンジャリ『大注解書』，シヴァ信仰への言及が見られる
	『マハーバーラタ』『ラーマーヤナ』の原形が成立
	クリシュナ信仰が始まる
	バクトリアの王メナンドロス（在位前 155-前 130）が西北インドに進
	出
100	**サータヴァーハナ朝**（前 100-後 225）
	『ミリンダ王の問い』の原形が成立
	『バガヴァッド・ギーター』の原形が成立，バーガヴァタ派成立

B.C.1	『マヌ法典』の原形が成立(後2世紀頃に現在の形になる)
A.D.1	**クシャーナ朝**(1世紀後半-3世紀)
100	『バガヴァッド・ギーター』現在の形で完成
	カニシカ王(2世紀)
200	アシュヴァゴーシャ(馬鳴)『サウンダラ・ナンダ』
300	(南)**パッラヴァ朝**(3世紀-9世紀)
	『ラーマーヤナ』『マハーバーラタ』現在の形で完成
	『ヴィシュヌ・プラーナ』成立
	チャンドラグプタ1世(在位320-335)がグプタ朝を建立
	グプタ朝(320-550)
	サムドラグプタ(在位335-375)が北インドを統一(365)
400	チャンドラグプタ2世(在位375-415)がインド全域を支配
	『ブラフマ・スートラ』『ヨーガ・スートラ』成立
500	最初期タントラ『ニシュヴァーサ・タットヴァ・サンヒター』成立
	【時代層IV　バクティとタントリズムの時代(500-1500年)】
	チャールキヤ朝(543-753)
	(南)パッラヴァ朝の勢力拡大
	『ブリハット・サンヒター』成立
	アールヴァールたちによるバクティ運動がタミル地方で始まる
600	『ハリヴァンシャ』成立
	ハルシャ王(在位606-647)
	玄奘(602-664)がインド訪問(629-645)
	パーンチャラートラ派の初期の聖典が成立
	聖典シヴァ派成立
	サディヨージョーティス(675-725)『パラモークシャ・ニラーサ・カ
700	ーリカー』
	シャンカラ(700-750)『ブラフマ・スートラ注解』
	不空(705-774)
	パーラ朝(750-1199)
	ラーシュトラクータ朝(753-973)
	プラティハーラ朝(750-1036)
800	バースカラ(8世紀)
	(南)**チョーラ朝**(9世紀-13世紀)
	空海(774-835)，入唐して恵果(746-805)より法を受け帰朝(806)
	ヴァスグプタによるカシミールのシヴァ派の創始
900	アールヴァールのひとりナンマールヴァール(9世紀)が活躍
	『バーガヴァタ・プラーナ』がタミル地方で成立
	ナータムニによるシュリーヴァイシュナヴァ派の創始
	アールヴァール詩集『四千頌聖典』(タミル語)成立
	ソーマーナンダ『シヴァの識見』
	ウトパラデーヴァによるカシミールのシヴァ派の体系化

バッタ・ラーマカンタ(10世紀)
1000 アビナヴァグプタ(975-1025)『タントラ・アーローカ』

チョーラ朝のラージャラージャ1世(在位985-1016)がシヴァ教の大寺院を建立
ラーマーヌジャ(1017-1137)『シュリー・バーシュヤ』
1100 ソーマシャンブ『ソーマシャンブ・パッダティ』(1096)

アゴーラシヴァ(12世紀)
1200 タントラ的シヴァ教の凋落とシヴァ教のヴェーダーンタ化

道元(1200-1253)
デリー＝スルタン朝(1206-1526)
マドヴァ(1238-1317)
1300 北インドにおいてスーフィズムが盛んとなる

(南)**ヴィジャヤナガラ朝**(1336-1649)
シュリーカンタ(14世紀)『ブラフマ・スートラ注』
シュリーパティ(14世紀)『シュリーカラ注解』
ヴィディヤーランヤ，シュリンゲーリ僧院第12代世師(1380-1386)
1400 ニンバールカ(14世紀)

カビール(1398-1448)
ナーナク(1469-1538)がシク教を開く
ヴァッラバ(1478-1530)
チャイタニヤ(1486-1533)
1500 北インドにバクティ運動が広がり始める

【時代層V　その後のヒンドゥー教(1500年-現在)】
バーブルがデリーを陥落させる．**ムガル帝国**の建立(1526-1858)
バーブル(在位1526-1530)
フマーユーン(在位1530-1540, 1555-1556)
アッパヤ・ディークシタ(1520-1593)によるシヴァ教神学の一元論的ヴェーダーンタ化
アクバル(在位1556-1605)
宰相アブル・ファズル(1551-1602)『アクバル会典』
1600 クリシュナダーサ・カヴィラージャ(1537-1616)『チョイトンノ伝』

イギリス東インド会社設立
ジャハーンギール(在位1605-1627)
シャー・ジャハーン(在位1628-1658)
アウラングゼーブ(在位1658-1707)
アウラングゼーブ，ヒンドゥー寺院の破壊を命じる(1659)
1700 ムガル帝国がインドを完全に支配(1688)

ジャイプル藩王国(11世紀？-1947)
ジャイ・シング2世(在位1699-1743)
バラデーヴァ・ヴィディヤーブーシャナ(1700-1793)『ブラフマ・スートラ注』

	イギリスによるベンガル支配始まる(1757)
	フランス人神父J. A. デュボア(1765-1848)
1800	ラームモーハン・ローイ(1772-1833)
	ブラフマ・サマージの設立(1828)
	ムガル帝国滅亡，イギリスによるインド直接支配始まる(1858)
	ダヤーナンダ・サラスヴァティー(1824-1883)
	釈宗演(1860-1919)
	アーリヤ・サマージの設立(1875)
	ヴィヴェーカーナンダ(1863-1902)
	清沢満之(1863-1903)
	ロマン・ロラン(1866-1944)
	第1回万国宗教会議がシカゴで開催(1893)
1900	ラーマクリシュナ・ミッションの設立(1897)
	ミルチャ・エリアーデ(1907-1986)
	秋野不矩(1908-2001)
	インダス文明の都市遺跡モヘンジョ・ダロの発見(1922)
	インドとパキスタンが分離独立(1947)
2000	インド連邦共和国成立(1950)

読書案内

本書で引用したり参考にした本や論文のうち，特に日本語のもの，また比較的近年に出版されたものをここに挙げました．これらの本を参考にして，そこで言及されている本や論文へとさらに読み進めていくと，ヒンドゥー教の多様な世界が目の前に広がってくると思います．

講義をはじめる前に

「あとがき」にも記しましたように，「ヒンドゥー教とは何か」という問いに答える方法として二つがあります．ひとつは，「ヒンドゥー教」に対して普遍的な定義を与えようとする試みです．もうひとつは，「ヒンドゥー教」という現象を構成している様々雑多な要素を取りだして，それをありのままに記述する方法です．両者をうまく調和させて述べることができたらいいのですが，なかなかそうはいきません．そんな中で，立川武蔵『ヒンドゥー教の歴史』(山川出版社，2014 年)は，ヒンドゥー教に対する総合的・俯瞰的な視点と具体的で微細な視点とがバランスよく組み合わさった本です．用語解説・年表・参考文献・索引もついています．立川氏にはヒンドゥー教に関連する本が何冊もありますが，もう一冊だけ挙げるなら，『ヒンドゥー教巡礼』(集英社新書，2005 年)がお薦めです．体験と思索が交互に織りなされて，次々と話題が展開していきます．同じようにインドでの体験を語りながら，時にヒンドゥー教と現代日本との関わりについても述べるのは森本達雄『ヒンドゥー教――インドの聖と俗』(中公新書，2003 年)です．この森本氏の翻訳になるニロッド・C. チョウドリー『ヒンドゥー教』(みすず書房，1996 年)もまた，「ヒンドゥー教とは何か」という問いかけから始まります．立川，森本両氏は，「ヒンドゥー教」を，「宗教」という概念ではとらえられないもっと広いインドの文化や生活慣習のすべてにかかわるものとしていますが，チョウドリーの叙述は，ヒンドゥー教を「多くの宗教の集合体」としてとらえ，「宗教」という観点をはずすことはありません．彼はインドを代表する著名な英語作家です．専門的な学

者ではありませんが，これは刺激的で読み応えのある本です．インド人によるヒンドゥー教に関する本をもう一冊挙げておきます．ラーマクリシュナ・G.バンダルカル『ヒンドゥー教――ヴィシュヌとシヴァの宗教』(島岩・池田健太郎訳，せりか書房，1984年)です．いまでは少し時代遅れの叙述もありますが，ヒンドゥー教の諸信仰と諸宗派について詳しく述べています．また，『岩波講座 東洋思想』第6巻「インド思想」2(岩波書店，1988年)(以下，『インド思想2』と略記)には，「ヒンドゥー教諸派」と「南インドの宗教思想」についての論考が収められています．

英語のものでは概説書は数多くありますが，やはり「ヒンドゥー教とは何か」という問いから始めているものに，Gavin Flood, *An Introduction to Hinduism*(Cambridge U. P., 1996)があります．よく出来た入門書だと思います．また，最新のものとして，*The Continuum Companion to Hindu Studies*(ed. Jessica Frazier, Continuum, 2011)を挙げておきます．いま最も活躍している著名な研究者たちがヒンドゥー教研究の手引きを書いており，新しい成果にも言及した参考文献表が付いています．以上の著作は基本的に，多様なものは多様なままに記述するという態度で書かれています．これに対して，多様なもののうちに体系的な構造を見出そうとする態度を明確にして書かれているのが，マドレーヌ・ビアルドー『ヒンドゥー教の〈人間学〉』(七海由美子訳，講談社選書メチエ，2010年)です．原著はフランス語(Madeleine Biardeau, *L'hindouisme: anthropologie d'une civilisation*, Flammarion, 1981〔旧版〕，1995〔新版〕)ですが，英訳(*Hinduism, the anthropology of a civilization*, Oxford U. P., 1989)をはじめいくつもの版があります．ヒンドゥー教の源流という観点からインダス文明を取り上げて本格的に論じたのは，Asko Parpola, *The Roots of Hinduism: the early Aryans and the Indus civilization*(Oxford U. P., 2015)です．私が今回「ヒンドゥー教とは何か」ということを考える上での出発点になった本を一冊だけ挙げるなら，*Hinduism Reconsidered*(ed. G.-D. Sontheimer & H. Kulke, Manohar, 1997)です．1989年に出た初版とは少しだけ内容が違っていますが，ここでの論考を出発点にしてあれこれ考えることができました．

『ミリンダ王の問い』(全3巻)は，全訳が中村元・早島鏡正訳で平凡社東洋文庫(1963-1964年)にあります．本文中で触れた「存

在なくして名辞あり」の問答部分は，大地原豊訳を『世界の名著 バラモン教典・原始仏典』(中央公論社，1969 年)で読むことができます．

第 1 講

ヒンドゥー教の歴史と地理だけでなく，本書で述べた種々の事柄——神々，聖典，儀礼，宗派，慣習，寺院，芸術，哲学・宗教概念，社会構造，聖者・宗教家，現代の事象などを網羅して，各項目についての専門家による論考をあつめた百科事典として，*Brill's Encyclopedia of Hinduism* があります．2009 年に第 1 巻が刊行され，その後毎年 1 巻ずつ出版されて，第 6 巻が 2014 年に出ました．現在のところ全 6 巻(第 6 巻は「索引」となっていますが，実際には 100 頁を超える補遺が掲載され，そこには例えばサンダーソンの論文 "Śaiva Texts", pp. 10-42 などが入っています)となっていますが，オンラインで項目は順次追加されています．また，文献について最新の貴重な情報を与えてくれます．

2011 年のインドの国勢調査については，インド政府がネット上で全データを公開しています(https://censusindia.gov.in/2011-common/censusdata2011.html)．宗教人口についても，州ごとの分布など詳しく知ることができます．日本の宗教法人に対して文化庁が行っている宗教統計調査もネットで公開されています．

ヴィヴェーカーナンダについては，その伝記として，ロマン・ロラン『ヴィヴェカーナンダの生涯と普遍的福音』(宮本正清訳，ロマン・ロラン全集 15，みすず書房，1980 年．フランス語原著は 1930 年刊)を挙げておきます．彼の師であるラーマクリシュナの伝記とともに収められています．私が中学生のときに読んだのは「インド研究」というタイトルのあずき色をした旧版(1962 年刊)でしたが，私の理念的なインド像(おそらく虚像)がこのときに出来上がってしまいました．

ヒンドゥー教の時代区分については，同様のものを，先述の立川武蔵氏が前掲書などで提示しています．また，本講では，マックス・ヴェーバー『ヒンドゥー教と仏教 宗教社会学論集 II』(古在由重訳，大月書店，2009 年)と，バーブル『バーブル・ナーマ ムガル帝国創設者の回想録』1-3(間野英二訳註，平凡社東洋文庫，

2014-2015年)を参照しました.

第2講

ヒンドゥー教における信仰の形であるプージャー(供養)とホーマ(護摩)とヤジュニャ(祭式)のうち,プージャーについては,総合的な研究として,Gudrun Bühnemann, *Pūjā: a study in smārta ritual*(Institut für Indologie der Universität Wien, 1988)があります.また,永ノ尾信悟氏は,ヴェーダの伝統とは異なる起源をもつプージャー儀礼の成立について,Shingo Einoo, "The Formation of the Pūjā Ceremony"(*Studien zur Indologie und Iranistik*, Band 20, 1996)において論じています.この論文は,ドイツのインド学者パウル・ティーメ(Paul Thieme)の90歳の誕生日を記念した論文集に収められていますが,そのティーメは,早くに"Indische Wörter und Sitten. 1. pūjā"(*ZDMG*, 93, 1939, pp. 105-123. 再録P. Thieme, *Kleine Schriften*, vol. 1, F. Steiner, 1971, pp. 343-361)において,緻密な語源・語意分析を「プージャー」について行い,「賓客歓待」の観念の展開を明らかにしています.

ホーマについては,総合的な研究として,*Homa variations: the study of ritual change across the longue durée*(ed. R. K. Payne & M. Witzel, Oxford U. P., 2016)があります.ヴェーダ祭式における「火への献供」から日本の密教における「護摩」まで,アジア地域に広がる様々な「ホーマ」について第一線の研究者が論じています.参考文献も充実しています.

ヤジュニャについては,ヴェーダ以来の「供犠」,「祭式」という観念の歴史を,その研究史とともに論じ,合わせてプージャーとの違いを明らかにしようとした論考として,Gérard Colas, "Jalons pour une histoire des conceptions indiennes de *yajña*"(*Rites hindous, transferts et transformations*(*Puruṣārtha*, 25). Éditions de l'École des hautes études en sciences sociales, 2006, pp. 343-387)があります.また,比較言語学の立場から論じたものとして,エミール・バンヴェニスト(Émile Benveniste)『インド=ヨーロッパ諸制度語彙集II 王権・法・宗教』(蔵持不三也訳,言叢社,1987年)があります.原著は,*Le vocabulaire des institutions indo-européennes*, 2 vols.(Minuit, 1969)です.

『マヌ法典』については，『サンスクリット原典全訳 マヌ法典』(渡瀬信之訳，中公文庫，1991年)を参照しました．また，ヴァラーハミヒラ『ブリハット・サンヒター』については，『占術大集成(ブリハット・サンヒター) 古代インドの前兆占い』1・2(矢野道雄・杉田瑞枝訳，平凡社東洋文庫，1995年)を参照しました．

『アクバル会典』は，インド叢書(Bibliotheca Indica)版の英訳 *The Ain i Akbari of Abū'l-Fażl i 'Allāmī*, vol. 3(tr. Colonel H. S. Jarrett, Asiatic Society of Bengal, 1948)に拠りました．また，デュボア神父(J. A. Dubois)の『ヒンドゥーの風俗と習慣と儀礼』(*Hindu Manners, Customs, and Ceremonies*, 3rd ed., Clarendon Press, 1906)は，その第1部を和訳で読むことができます．J. A. デュボア／H. K. ビーチャム編『カーストの民 ヒンドゥーの習俗と儀礼』(重松伸司訳註，平凡社東洋文庫，1988年)．この本の解説では，デュボアの手稿と版本をめぐる紆余曲折が詳しく語られて，イギリス・東インド会社による植民地経営の実態もわかります．

第3講

「生天」と「輪廻」，その原因としての「業」，それからの解放としての「解脱」は，インドの宗教のいずれにとっても最も重要な問題ですが，これを扱った論文として，ここでは，井狩彌介「輪廻と業」(『インド思想 2』)と，後藤敏文「「業」と「輪廻」——ヴェーダから仏教へ」(『印度哲学仏教学』第24号，2009年)を挙げておきます．また業と再生について様々な観点から論じた論文集としては，*Karma and Rebirth in Classical Indian Traditions*(ed. Wendy Doniger O'Flaherty, University of California Press, 1980)があります．また，これの姉妹編で，近現代における業と再生の観念を扱った論文集としては，*Karma and Rebirth: Post Classical Developments*(ed. Ronald W. Neufeldt, SUNY Press, 1986)があります．

ヴェーダの祭式と結びついた価値の概念である「プラヴリッティ」(動)とウパニシャッドの知識と結びついた価値の概念である「ニヴリッティ」(静)についての全般的な研究としては，Greg Bailey, *Materials for the Study of Ancient Indian Ideologies: pravṛtti and nivṛtti*(Jollygrafica, 1985)があります．また，解脱を求めて

「苦行」を実践する出家者(棄世者)の活動と,「苦行」を社会制度化して在家者の宗教生活に取り込もうとするバラモン主義の動きについては,Patrick Olivelle, *The Āśrama System: the history and hermeneutics of a religious institution*(Oxford U. P., 1993)が詳しく論じています.また,渡瀬信之『マヌ法典——ヒンドゥー教世界の原型』(中公新書,1990年)でも詳しく論じられています.

ナンダの話の原典である馬鳴(アシュヴァゴーシャ)作『サウンダラ・ナンダ』については,翻訳研究として,松濤誠廉『馬鳴 端正なる難陀』(山喜房仏書林,1980年)があります.

第4講

ヒンドゥー教を「現世拒否の宗教」としたマックス・ウェーバーの論考は,「中間考察——宗教的現世拒否の段階と方向に関する理論」です.これは,『宗教社会学論選』(大塚久雄・生松敬三訳,みすず書房,1972年)で読むことができます.ウェーバーは,『宗教社会学論集』(全3巻,1920-1921年)の第1巻で「世界宗教の経済倫理」の第1論文「儒教と道教」を展開した後に,この論考を置いて,第2巻第2論文「ヒンドゥー教と仏教」への橋渡しとしています.この「ヒンドゥー教と仏教」の日本語訳については,先に第1講の読書案内で触れました.ウェーバーはまた,彼のもうひとつの論考である「宗教社会学」(『経済と社会』第2部第5章.『宗教社会学』武藤一雄・薗田宗人・薗田坦訳,創文社,1976年)において,呪術と宗教の区別について理論的に論じましたが,そこでは,呪術の特徴を「神に強いること」(神強制),宗教の特徴を「神に祈ること」(神礼拝)としました.ウェーバーは,ヴェーダの祭式を最も洗練され儀式化された「呪術」であるとみなしています.ウェーバー自身が言っていますが,「ヒンドゥー教と仏教」は,「宗教社会学」を「注釈し補足するもの」となっています.ウェーバーを読んでヒンドゥー教について考えようとする場合には,このふたつの著作を合わせてよむことが必須です.

2019年2月のクンバメーラーについては,名越啓介・写真,近田拓郎・文『バガボンド インド・クンブメーラ聖者の疾走』(イースト・プレス,2019年)でその様子を見ることができます.この本では2010年にハリドワールで撮られた異形のサードゥた

ちの姿も見ることができます．

ブッダの教えを集めた『スッタニパータ』『ダンマパダ』『ウダーナヴァルガ』は，中村元訳『ブッダのことば』『真理のことば・感興のことば』(いずれも岩波文庫)で読むことができます．ジャイナ教の『ウッタラッジャーヤー』(*The Uttarādhyayana sūtra*)については，Hermann Jacobi, *Gaina*(=*Jaina*) *Sūtras*, part II (Clarendon Press, 1895)を参照しました．

第5講

20世紀を代表する宗教学者であるエリアーデの出発点はヨーガ研究でした．彼は，3年間のインド留学を終えて，母国ルーマニアで11カ月の兵役に就いた後，1932年に，「インド的瞑想の心理学——ヨーガの研究」という博士論文をブカレスト大学に提出し，翌33年6月に博士号を得ます．この博士論文をもとにしてフランス語で書かれパリとブカレストで同時刊行されたのが，エリアーデのヨーガについての最初の書となる『ヨーガ——インド神秘主義の起源についての試論』(*Yoga: essai sur les origines de la mystique indienne*, Paul Geuthner, 1936)です．この後，エリアーデは，1948年にその改訂版『ヨーガの技法』(*Techniques du yoga*, Gallimard)を出版し，さらに1954年には，ヨーガ研究の「決定版」である『ヨーガ——不死性と自由』(*Le Yoga: immortalité et liberté*, Payot. 1967年に改訂増補)を出版しています．これには英語，スペイン語，ドイツ語などの翻訳があり，日本語訳(立川武蔵訳『ヨーガ』1・2，エリアーデ著作集第9・10巻，せりか書房，1975年)もあります．ヨーガに関するエリアーデの一連の著作は，今なおヨーガ研究のための基本的な文献です．中でも，彼の博士論文をもとにした最初の『ヨーガ』は，30歳になる前の著作ですが，「ヨーガ研究の新解釈としてではなく，ヨーガ研究の現在(当時)において知りうる限りのすべてのことを検討したものとして」(ジャン・フィリオザの評価)世に出たものです．後の「決定版」の方がよく知られていますが，実は内容的にも異なる部分があり，サンスクリット原文の翻訳は彼自身のものが示されているなど，研究書としての内容の豊かさは最初の『ヨーガ』の方が勝っていると私は思います．21世紀のヨーガ研究は，

微に入り細をうがった校訂テキストの出版など，文献研究においてはるかに進んでいますが，「ヨーガ」をインドの全宗教史の中に位置づけようとしたエリアーデの研究は，宗教史研究の観点から見れば，いまなお金字塔です．なお，先に第2講で名を出した Gudrun Bühnemann には，*Eighty-four Āsanas in Yoga: a survey of traditions*(*with illustrations*)(D. K. Printworld, 2007)という，ヨーガの84種類の坐法についての豊富な図版を使った本格的な研究書があります．

『カタ・ウパニシャッド』は，その全訳を，服部正明訳「死神の秘教」(前出『世界の名著 バラモン教典・原始仏典』)で読むことができます．『バガヴァッド・ギーター』については，上村勝彦訳『バガヴァッド・ギーター』(岩波文庫，1992年)を参照しました．参考文献については，拙著『『バガヴァッド・ギーター』──神に人の苦悩は理解できるのか？』(岩波書店，2008年)に主要なものを挙げています．

第6講

「自力」と「他力」については，清沢満之の『他力門哲学骸骨』に拠って考えてみました．これは「他力門哲学骸骨試稿」(『清沢満之全集』第2巻(他力門哲学)所収，岩波書店，2002年)として残されているものですが，自筆原稿はカタカナ表記で句読点がありません．本講では，藤田正勝現代語訳『他力門哲学骸骨』(法蔵館，2003年)所載の原文を引用しました．また，『宗教哲学骸骨』は，『清沢満之全集』の第1巻(宗教哲学)に収められています．

ヒンドゥー教における最重要概念である「バクティ」については，様々なアプローチがあり数多くの研究書がありますが，ここでは次の2冊を挙げておきます．Friedhelm Hardy, *Viraha-Bhakti: The Early History of Kṛṣṇa Devotion in South India*(Oxford U. P., 1983)．「知的バクティ」(intellectual bhakti)から「情的バクティ」(emotional bhakti)へのバクティ観念の歴史的な展開を述べたのがこの本です．また，John Stratton Hawley, *A Storm of Songs: India and the Idea of the Bhakti Movement*(Harvard U. P., 2015)は，バクティ運動についての総合的な最新の研究で，参考文献も最近のものまで重要なものが網羅されています．また，徳

永宗雄「バクティ──神への信愛と帰依」(『岩波講座 東洋思想』第7巻「インド思想」3，岩波書店，1989年)は，バクティ思想の展開について明解に教えてくれます．

『バーガヴァタ・プラーナ』のもつ「情的バクティ」の傾向を最初に指摘したのは，Paul Hacker, *Prahlāda, Werden und Wandlungen einer Idealgestalt: Beiträge zur Geschichte des Hinduismus* (Akademie der Wissenschaften und der Literatur, Nr. 9; Nr. 13, 1959)でした．諸プラーナについての文献研究が，ヒンドゥー教の歴史的な展開を知る上で大変重要で知的におもしろい作業であることを，この本は教えてくれます．『バーガヴァタ・プラーナ』については，ごく一部ですが，『世界の名著 バラモン教典・原始仏典』(前出)で読むことができます．

第7講

古代から中世にかけてのインドの文学や哲学，宗教，さらには医学や天文学までの諸文献の歴史についての古典的な名著として，ヴィンテルニッツ(Moriz Winternitz)『インド文献史』(全6巻，中野義照訳，日本印度学会，1964–1978年)があります．その中で，タントラ文献については，第1巻第2部「叙事詩とプラーナ」で述べられていますが，1908年に出版されたドイツ語の原著初版では，全体が500頁ほどの本の末尾のたったの2頁にしか割り当てられていませんでした．その後，ヴィンテルニッツは，ドイツ語版に自ら大幅な加筆修訂をおこなった英語版を1927年に出版します．この改訂版では，ドイツ語の初版出版以来の20年間に世に出たタントリズム関連の重要な研究成果をふまえて，本文の書き直しがおこなわれ，詳細な注記が加えられました．そこでは，彼は，「タントラ文献──サンヒター，アーガマ，タントラ」という見出しで新たな章を設け，今度は20頁を使ってタントラ文献について概観しています．ヴィンテルニッツにそのような補筆をさせることになったのは，「アーサー・アヴァロン(Arthur Avalon)」という筆名でタントラ文献研究の草分けとなったサー・ジョン・ウッドロフ(Sir John Woodroffe, 1865–1936)の存在でした．彼は，現地ベンガルの友人アタル・ビハリ・ゴーシュ(Atal Bihari Ghose, 1864–1936)らの協力を得て，重要なタントラ文献

のテキストを「タントラ・テキスト・シリーズ」(第1巻は1913年，全23巻)として刊行するとともに，『タントラの原理(タントラ・タットヴァ)』(1914年)，『シャクティとシャークタ』(初版1918年)などを出版しました．アヴァロンの仕事について，ヴィンテルニッツは，「タントラの宗教と文献についての正当な評価と客観的な歴史観を形成することをわれわれに可能にしてくれた」と評価しています．

それから100年後の現在，タントラ文献研究を中心として，ヒンドゥー教における「タントリズム」の研究は，いまやインド学各分野の多くの研究者によって活発に進められています．個別の研究論文はもちろんのこと，校訂テキストや翻訳も次々と出版されています．そのような研究を追うことは，専門家でもない限り容易ではありません．本書は，それらの研究成果をふまえていないわけではありませんが，わずかのページで「タントリズム」とは何かを理解してもらいたいという理由から，空海の密教思想を入り口にしてそれを説明してみることにしました．

空海の著作については，『弘法大師 空海全集』全8巻(筑摩書房，1983-1986年)がありますが，主なものは，『空海コレクション』1-4(ちくま学芸文庫，2004年)で読むことができます．『即身成仏義』も『請来目録』も2に入っています．

本講では，空海が受けた「灌頂」から「ディークシャー」へと話を進めました．この「灌頂」については，森雅秀編『アジアの灌頂儀礼――その成立と伝播』(法藏館，2014年)が，インド，チベット，ネパール，中国，東南アジア，日本を対象地域にして，灌頂儀礼の成立と歴史的な展開について様々に論じています．この論文集に，「アンコール王朝における灌頂儀礼」という論考を寄せている高島淳氏は，ヒンドゥー教の「ディークシャー」研究の日本における草分けであり，日本におけるシヴァ教研究の第一人者で多くの論文があります．本講では，「Tantrāloka における dīkṣā ――カシミール・シヴァ派におけるイニシエイション儀礼」(『東京大学宗教学年報』1，1984年)，また，Jun Takashima, "Dīkṣā in the Tantrāloka"(『東洋文化研究所紀要』119，1992年)を参照しました．彼はまた，『タントラ・アーローカ』の和訳研究を，『東洋文化研究所紀要』などに順次発表しています．

『ソーマシャンブ・パッダティ』の研究は，エレーヌ・ブリュ

ンネル(＝ラショー)によってなされました．Hélène Brunner-Lachaux, *Somaśaṃbhupaddhati*. ポンディシェリーにあるフランスインド学研究所(IFP)の叢書に入っています．全4冊からなる彼女の研究(校訂テキストと翻訳)は，シヴァ教聖典についてのフランスにおける本格的な注釈・翻訳研究の嚆矢です．「ディークシャー」については，その第3巻(1977年)で扱われています．

タントラ研究の近年の成果に基づいて，それを概観したものとしては，André Padoux, *The Hindu Tantric World. An Overview* (The University of Chicago Press, 2017)があります．パドゥーは，フランスにおけるタントリズム研究の第一人者で，高島氏は彼の下で学びました．このパドゥーが主導して1984年6月にパリでタントラ研究の円卓会議が開催されましたが，この会議は新たなタントラ研究の幕開けとなるものでした．その報告書が，*Mantras et diagrammes rituels dans l'hindouisme* (Éditions du CNRS, 1986)です．またパドゥーと，ブリュンネル，そしてウィーンのインド哲学者オーバーハンマーが主導して作ったタントラ用語辞典に，*Tāntrikābhidhānakośa* (Verlag der Österreichischen Akademie der Wissenschaften)があります．第1巻(2000年)，第2巻(2004年)，第3巻(2013年)まで出版されていますが未完です．また，高島淳「タントリズム」(『インド思想2』)は，教義と実践について概説しています．また，ヒンドゥー教のタントリズムをインド仏教の密教とともに考察したものに立川武蔵・頼富本宏編『インド密教』(春秋社，1999年)があります．そこに収められている島岩「第3章 シャークタ派の密教――シュリー・チャクラの構造を中心として」は，本書ではほとんど触れることのできなかったシャークタ派(女神崇拝)について紹介しています．

本講中で少し触れたインドにおけるタントリズムと錬金術の関連については，エリアーデ「インドの錬金術」および「錬金術とイニシエイション」(大室幹雄訳『鍛冶師と錬金術師』エリアーデ著作集第5巻，せりか書房，1973年)，また，「ヨーガと錬金術」(前出『ヨーガ』2，エリアーデ著作集第10巻)が参考になります．さらにこの問題を扱った研究としてはDavid Gordon White, *The Alchemical Body: Siddha tradition in medieval India* (The University of Chicago Press, 1996)があります．

第8講

近年のシヴァ教の文献についての研究は，アレクシス・サンダーソンによって牽引されてきました．この人の論文には毎回驚かされます．何よりもまずその圧倒的な量(頁数)です．これまでの研究発表はほぼすべて研究雑誌か論文集に寄稿されたもので，モノグラフは現在執筆中と聞きます．たとえば先にその名を挙げたエレーヌ・ブリュンネルを追悼して出版されたタントラ論文集 *Mélanges tantriques: à la mémoire d'Hélène Brunner/Tantric Studies in Memory of Hélène Brunner*(ed. D. Goodall & A. Padoux, Institut français de Pondichéry, 2007)には，"The Śaiva Exegesis of Kashmir" という 213 頁に及ぶ論文(Bibliography を加えればさらに 32 頁増える)を載せています．東京大学の東洋文化研究所から永ノ尾信悟氏の編集で出版された論文集『タントラの形成と展開』(*Genesis and Development of Tantrism*, Institute of Oriental Culture, University of Tokyo, 2009)に寄稿された論文 "The Śaiva Age: The Rise and Dominance of Śaivism during the Early Medieval Period" は，なんと 300 頁を超えています．京都大学の『インド思想史研究』第 24・25 号(2014 年)に掲載された "The Śaiva Literature" も 100 頁を超える雄編でした．この論文が，先に触れた "Śaiva Texts" の元になったものです．彼の論文のほぼすべては，彼が公開するウェブ上で読むことができます．本講で言及した "Swami Lakshman Joo and His Place in the Kashmirian Śaiva Tradition" は，*Saṃvidullāsaḥ: Manifestation of Divine Consciousness*(ed. B. Bäumer & S. Kumar, D. K. Printworld, 2007)に収められています．

聖典シヴァ派の文献は，1955 年にポンディシェリーに設立されたフランス国立の 2 つの研究機関(IFP と EFEO)のインド学部門で本格的な研究が開始され，写本の収集，校訂テキストの出版，翻訳研究などがされてきました．集められた写本は，「ポンディシェリー所在シヴァ教写本群」として，2005 年にユネスコの「世界の記憶」に選定されました．写本の解説カタログも出版され，1100 ほどの転写写本は画像とともに電子データ化されてネットでも公開されています(https://ifpcollection.muktabodha.org/

#collection_history)．聖典シヴァ派についての近年の研究成果は，Dominic Goodall, *The Parākhyatantra: A Scripture of the Śaiva Siddhānta*（IFP & EFEO, 2004）の序文に詳述されていますが，その他にも，IFP と EFEO からは最近の 20 年間で 20 冊近い研究成果が出版されています．本講で言及したサディヨージョーティスに対するラーマカンタの注釈 *Paramokṣanirāsakārikāvṛtti* の英訳研究 Alex Watson, Dominic Goodall, S. L. P. Anjaneya Sarma, *An Enquiry into the Nature of Liberation*（IFP & EFEO, 2013）もそのひとつです．

初期のシヴァ教については，原実「シヴァ教諸派」(『インド思想 2』)があります．シヴァ教の宇宙論については，高島淳「シヴァ教の宇宙論」(宮家準・小川英雄編『聖なる空間』リトン，1993 年)を参照しました．また，Richard H. Davis, *Ritual in an Oscillating Universe: Worshipping Śiva in Medieval India*（Princeton U. P., 1991）があります．

南インドにおけるシヴァ教の展開についても，高島淳氏の論考「シヴァ信仰の確立」があります．この論考を含む辛島昇編『ドラヴィダの世界』(東京大学出版会，1994 年)は，南インドにおけるヒンドゥー教の展開について知るための最良最上の入門書です．また，徳永宗雄「南インドの宗教思想」(『インド思想 2』)があります．

第 9 講

ヴィシュヌのアヴァターラの神話を日本語で読むならば，マッソン・ウルセル／ルイーズ・モラン著『インドの神話』(美田稔訳，みすず書房，1975 年)中の「ヴィシュヌ神の化身」がお薦めです．原典の『バーガヴァタ・プラーナ』に基づいた研究としては，上村勝彦『インド神話——マハーバーラタの神々』(ちくま学芸文庫，2003 年)の第 3 章「ヴィシュヌ神話」があります．また，クリシュナについては，この本の第 4 章「クリシュナ伝説」があります．

クリシュナは，ヒンドゥー教の歴史の中で様々に姿を変えて信仰の対象となってきました．クリシュナ神話の生成と重層性については，Charlotte Vaudeville, "The Cowherd God in Ancient India"（*Pastoralists and Nomads in South Asia*, ed. L. S. Leshnik & G.-

D. Sontheimer, O. Harrassowitz, 1975)が，特に参考になります．また，そのような「クリシュナの変容」について，錚錚たる顔ぶれの研究者たちが多様な観点から論じた論文集として，*Krishna. A Sourcebook*(ed. Edwin F. Bryant, Oxford U. P., 2007)があります．また，『マハーバーラタ』の補遺でクリシュナを主人公とする『ハリヴァンシャ』の全訳が，昨年に出版されました．Simon Brodbeck, *Krishna's Lineage: The Harivamsha of Vyāsa's Mahābhārata*(Oxford U. P., 2019)です．

パーンチャラートラ派のタントラの最近発見された写本については，ディワカル・アーチャーリヤによって校訂出版がされています．Diwakar Acharya, *Early Tantric Vaiṣṇavism: Three Newly Discovered Works of the Pañcarātra. The Svāyambhuvapañcarātra, Devāmṛtapañcarātra and Aṣṭādaśavidhāna*(IFP & EFEO & Universität Hamburg, 2015)．

パーンチャラートラ派の「サンヒター(本集)」について，日本人で先駆的で本格的な研究を行ったのは，松原光法氏です．Mitsunori Matsubara, *Pāncarātra Saṃhitās & Early Vaiṣṇava Theology, with a Translation and Critical Notes from Chapters on Theology in the Ahirbudhnya Saṃhitā*(Motilal Banarsidass, 1994)があります．また，パーンチャラートラ派のタントリズムの研究としては，引田弘道『ヒンドゥータントリズムの研究』(山喜房仏書林，1997年)があります．

ヴァーイカーナサ派については，Gérard Colas, *Viṣṇu, ses images et ses feux: les métamorphoses du dieu chez les vaikhānasa*(Presses de l'École française d'Extrême-Orient, 1996)があります．

第10講

ヒンドゥー教の各宗派については，最初に挙げたチョウドリーやバンダルカルの本に一般的な説明があります．また，徳永宗雄「ヴィシュヌ教諸派」(『インド思想2』)があります．諸宗派や諸信仰集団について少し詳しく知りたいならば，*Brill's Encyclopedia of Hinduism* 第3巻の「宗教諸伝統(Religious Traditions)」の章(pp. 279–626)が参考になります．そこには各派についての比較的詳細な説明と最新の参照文献が挙げられています．個別の宗派

に関してなされた日本人の研究のうちから，特に重要な研究を挙げておきます．シュリーヴァイシュナヴァ派のラーマーヌジャについては，松本照敬『ラーマーヌジャの研究』(春秋社，1991年)があります．チャイタニヤについては，K. コヴィラージュ『チョイトンノ伝』1・2(頓宮勝訳註，平凡社東洋文庫，2000-2001年)を参照しました．また，本講で言及したチャイタニヤ派のバラデーヴァ・ヴィディヤーブーシャナの『ブラフマ・スートラ』注については，置田清和氏の研究があります．Kiyokazu Okita, *Hindu Theology in Early Modern South Asia: The Rise of Devotionalism and the Politics of Genealogy*(Oxford U. P., 2014)．また，ラーダーとクリシュナの愛の関係を歌った『ギータ・ゴーヴィンダ』については，小倉泰氏による翻訳が，美しい細密画とともに，上村勝彦・宮元啓一編『インドの夢・インドの愛』(春秋社，1994年)に収められています．小倉氏の訳は，『ヒンドゥー教の聖典二篇――ギータ・ゴーヴィンダ／デーヴィー・マーハートミャ』(平凡社東洋文庫，2000年)でも読めます．この本に収められているもう一つの聖典である横地優子訳『デーヴィー・マーハートミャ』は，ドゥルガー女神の活躍を歌った物語で，シャークタ派の聖典となっています．シャンカラ派については，澤井義次『シャンカラ派の思想と信仰』(慶應義塾大学出版会，2016年)があります．また，本講では簡単にしか触れていませんが，カビールについては，橋本泰元訳注『宗教詩 ビージャク インド中世民衆思想の精髄』(平凡社東洋文庫，2002年)があり，これには大変詳しい解説が付されています．この橋本氏と宮本久義氏，山下博司氏の共著として，『ヒンドゥー教の事典』(東京堂出版，2005年)があります．事実に基づいた正確な叙述とともに随所に写真や図版が入った内容豊かな本です．この本も，「ヒンドゥー教とは何か」という問いから始まっています．三氏はいずれも長期のインド留学経験があり，現代のヒンドゥー教世界にも通じています．特に第3章「ヒンドゥー教の諸宗派と宗教思想家」，第4章「ヒンドゥー教の儀礼と生活」，第5章「ヒンドゥー教と近・現代社会」は，本書では扱えなかった事柄についても詳しく述べられています．この事典で，「聖地と巡礼」について述べている宮本久義氏には，『ヒンドゥー聖地 思索の旅』(山川出版社，2003年)があります．また，山下博司氏には，『ヒンドゥー教』(講談社選書メチ

エ，2004 年)があります．

シヴァ教不二一元説については，Elaine M. Fisher, “Remaking South Indian Śaivism: Greater Śaiva Advaita and the Legacy of the Śaktiviśiṣṭādvaita Vīraśaiva Tradition”(*International Journal of Hindu Studies*, 2017)を参考にしました．この著者には，また *Hindu Pluralism. Religion and the Public Sphere in Early Modern South India*(University of California Press, 2017)があり，中世以降のシヴァ教の展開について詳しく論じられています．

本講で，時代層 IV「バクティとタントリズムの時代」とした 6 世紀から 16 世紀，そしてそれに続く 18 世紀までのムガル帝国の時代の歴史については，サティーシュ・チャンドラ『中世インドの歴史』(小名康之・長島弘訳，山川出版社，1999 年)があります．

最後に，インド文化全般については，定番として，『バシャムのインド百科』(日野紹運・金沢篤・水野善文・石上和敬訳，山喜房仏書林，2004 年)と『南アジアを知る事典』(平凡社，1992 年)をあげておきます．

参考資料

シヴァ礼拝のプージャー

(『ムリゲンドラ・アーガマ』祭式章 III シヴァ礼拝)

「シヴァとなって，シヴァをまつるべし」という原則は，本文で触れたように，ディークシャーだけでなく，日常の礼拝(プージャー)においても当然守られるべきものである．儀礼を重視したかつてのシヴァ教の聖典にはそれが具体的に記述されている．ここでは，シヴァ教の古い聖典に属する『ムリゲンドラ・アーガマ』(10 世紀以前)の論述を見てみよう．これを読むと，第 7 講で触れた「身体浄化の儀礼」(アートマ・シュッディ)がどのような行作を伴って行われるかがわかるとともに，「ニヤーサ」(念置)についても，何が行われているのかがわかるであろう．(　)内の数字は詩節番号である．

＊　＊　＊

シヴァを心の中で礼拝する

(1) さてアストラ(武器マントラ)によって防御され，カヴァチャ(甲冑マントラ)によって保護された，浄化された礼拝堂において，シヴァとなって外的にも内的にもシヴァをまつるべきである．

(2) マントラのニヤーサ(念置)などの一連の儀礼行為は，両手によってなされる．それゆえ最初に両手がマントラ化されなければならない．マントラによって両手を浄化し，灌水した後で，ブラフママントラ類を順番にそれぞれの指に置かなければならない．親指にはイーシャーナ，人差し指にはタットプルシャ，中指にはアゴーラ，薬指にはヴァーマ，小指にはサディヨージャータというように．

(3) そして，タットヴァをいたるところに置かなければならない．次に，アンガマントラ類を逆の順番に置かなければならない．フリッドを小指に，シラスを薬指に，シカーを中指に，カヴァチャを人差し指に，アストラを親指に．そして，二本の親指にはダーマン(栄光マントラ)を置き，二本の人差し指には，障害を威嚇するアストラ(武器マントラ)を置かなければならない．

(4) 顔を東と北に向けて，三度息を止めてから，サダーシヴァ(「永遠のシヴァ」)の境位(頭頂)に触れるほどのアストラ(武器マントラ)の火によって，束縛された家畜としての[礼拝者の]身体を完全に焼き尽くすべきである．

(5) その[焼き尽くされて]灰[となった礼拝者の身体]をシャクティからなる風によって運び去った後で，太陽の円盤(マンダラ)のような形をした，その[礼拝者の]魂(アートマン)の認識作用と運動作用の領域(マンダラ)を注視すべきである．

(6) それこそがまさしくこれ(魂)の形体である．[しかし]明確な形をとった肢体をもたないものは，何も成し遂げることができないことが一般に知られているから，ここで，それらの各マントラを，[シヴァ神の]頭などの身体の部分として念想すべきである．

(7) [ブラフママントラ類のうちの，]イーシャーナによって上部の，タットプルシャによって東向き，アゴーラによって南向き，ヴァーマによって北向き，サディョージャータによって西向きの[シヴァ神の]五つの頭を念想すべきである．同じくブラフママントラ類によって，睡蓮のような四つの顔を念想すべきである．

(8) アゴーラによって，首，両肩，胸，腹，心臓，胃，臍を念想すべきである．ヴァーマによって，骨盤，生殖器，肛門，両尻，(9) 両腿，両腰，両膝，両脚を念想すべきである．サディョージャータによって，両足，両腕，両手，鼻，頭を念想すべきである．このように別個のカラー(宇宙を構成する部分で「マントラ」として現れている)によって[身体を]念想すべきである．

(10) それから，心臓，頭，髪の房を，保護されるべき部分として，それぞれの本来の位置に念想すべきである．身体にカヴァチャ(甲冑マントラ)を，両手に光り輝くアストラ(武器マントラ)を念想すべきである．

[内的礼拝の開始]

(11) それから，自分の心臓の蓮に神を，最高神(パラメーシュヴァラ)の共通の姿形かあるいは他の姿形で念想して，語られている通りに，その神を礼拝すべきである．

(12) 心臓の中にプラブ(シヴァ神)のために座を付与してから，三つのマンダラが極まるところ(三つの円光の場所．地のタットヴァからシャクティのタットヴァまでの宇宙の全体)において，マントラの終極の場所から身体の内へと創造の道を辿って[シヴ

ァ神の]召喚を行うべきである．

(13) 昇りつつある太陽のように光り輝いているこの者に，招待のムドラー(手印)によって　四肢五体を付与し，設置のムドラーによってシャクティ(力)の形体である住処に[神の]設置をなすべきである．(14) 帰依の形で[神の]現前を表し，抑止のムドラーによって[神が去るのを]押しとどめるべきである．それから，なすべき形を念想しつつ，両足にパーディヤ(洗足の水)を，(15)[五つの]頭にはアルギャ(閼伽水)を，[五つの]蓮のごとき口にはアーチャマニーヤ(口を漱ぐ水)を付与すべきである．沐浴，衣服，聖紐，薫香，塗香，香油，(16) あらゆる装飾品の類，払子，灯火，鏡，神々の武器，花綱，キンマの実，飲料，食物，天蓋，日傘，(17) 高く掲げられた輝く旗，これらをフリッド(マントラ)とともに，あるいは聖音オームとともに，あるいはまた祭式で使われるマヌ・マントラとともに付与すべきである．

(18) その後で，西向きの蓮の葉には法螺貝か，月か，ジャスミンの[白]色をしたサディヨージャータを，北向きの葉には赤色のヴァーマを，南向きの葉には黒色のアゴーラを，(19) 東向きの葉には黄色のタットプルシャを，中央の蕾には水晶の輝きをしたイーシャーナを招請して，礼拝すべきである．

(20) 東南(アグニの方角)には輝く心臓を，北東(イーシャーナの方角)には灰色の頭を，南西(ニルリティの方角)には黒い髪の房を，北西(ヴァーユの方角)には黄褐色の鎧を，(21) そして主たる四方位の極端には終末の太陽のごとくにまばゆく輝くアストラ(武器マントラ)を，心によって，礼拝すべきである．[偉大なマントラである]偉大なる主(マヘーシャーナ)たちは，東をはじめとする八つの方位において見られる．(22) 東は金色，南東は火色，南はタマーラ色(暗黒色)，南西は黒蜜蜂色，西は白霜色，北西はローズ色，それから残る二つの，北は赤色，北東は薄黄色．ガナ(眷族)たちは，ナンディン，マハーカーラ，ガジャヴァクトラ，ヴリシャ，アバラ，(23) スカンダ，ウマー，そしてチャンダである．それらは先ほどのヴィディヤー・イーシュヴァラと同じ色である．方位を守護する神々についても同様になすべきである．それらは手に武器，ヴァジュラなどをもっている．(24) それらは象などに乗っている．マントラの主たちは，蓮の上に坐り，手には蓮を持っている．眷属たちは，ヴィマーナに乗っている．

この者たちは三つの目をしている．この者たちの中で，ウマーは鏡を，(25) スカンダは槍を，ガネーシャは牙を，他のものたちは，ヴリシャ以外は，三叉鉾をもっている．あるいは，女神はライオンに乗っている．スカンダは孔雀に乗っている．

(26) 皆，マヘーシャーナの方に顔を向けている．あるいは，[礼拝者の]好むところに従って念想されるべきである．それから，祭式を完成するために，[礼拝者は]ムドラーを見せなければならない．

(27) ブラフマンのためには，匙のムドラー，マカラのムドラー，三叉鉾のムドラー，蓮のムドラー，雌牛のムドラーを．プラブのためには，マノーラタのムドラーを，他の者たちのためには，現前を表す敬礼のムドラーを．

(28) このように敬礼した後で，ヴァシャットと唱えながら，[神に]顔を向けさせるためのアルギャ水(閼伽水)を付与して，それからシヴァのマントラを低唱して，さらに少なくとも一〇回他のマントラを低唱する．

(29) 解脱を望む者は，最初と最後にフリッド(マントラ)を唱えるべきである．「あなた様に，私は申し上げます」と言いながら，神からの返報を期待することなしに．

(30) 一方，サーダカ(享受を望む者)は，自分の欲するところを念じて，「主よ，守りたまえ」と，繰り返して告げるべきである．これは毎日毎日なされるべきである．

(31) それから，まとめの礼拝(プージャー)を行い，アルギャ水を逆の順番で付与してから，諸々のマントラをシヴァのもとに戻して，ナディーの連結を行った後で，次に，外的な礼拝を始めるべきである．

[以上で，内的礼拝終わる．]

＊　＊　＊

この礼拝(プージャー)は，「内的」なものと「外的」なものの二つの部分から構成されている．ここに訳出したのは「内的」なものの方で，それは礼拝者が心の中でシヴァの身体を念想することから構成されている．一方，「外的」な礼拝は，目に見える形で，神像や儀礼道具，マンダラなどの道具を使う具体的な礼拝である．

「内的」な礼拝は，礼拝者が「シヴァとなる」ことを目的とするが，それは，完全なイマジネーションである．イマジネーションと言っても，いま見たように形式が決められて儀礼化されているのであるから，そこでの行作やそれのもつ意味は，場面場面で自由に浮かび上がってくる想像ではなくて，すでに決められているイメージである．礼拝者は，ここで，決められた通りのイメージを思い浮かべながら儀礼を進行させるのである．

この礼拝は，礼拝者の身体の浄化から開始される．その浄化は，日常の不浄の身体に代えて「シヴァの身体」を作り出すことを目的とする．なぜなら，「シヴァでない者はシヴァを礼拝することはできない」からである．まず，アストラ(武器マントラ)の火で，自分の身体を心的に焼き尽くして，それから「シャクティからなる風」によって，焼かれた後の灰を運び去るのである．こうして，礼拝者は，「心」(魂)だけの存在となり，その後に，マントラを念置することによって，サダーシヴァ(「永遠のシヴァ」)の身体の個々の部分を置いて，シヴァの身体へとそれを変成させるのである．これが，「身体の浄化」(アートマ・シュッディ，あるいはブータ・シュッディ)と呼ばれる儀礼である．

しかし，礼拝者が，このような儀礼を日常的に執行するためには，彼は，すでに「シヴァとなって」いなければならないだろう．第7講で見たディークシャーの儀礼(入信聖別式)は，まさに信者(弟子)がこのように日々のシヴァ礼拝を行うことができるようにするためのものであった．

以下に示すのは，マントラの念置の際のそれぞれのマントラとそれに連関する項目の対応表である．

表　マントラと指と諸項目の連関

ブラフママントラ	アンガマントラ	指	シヴァの活動	元素	身体部分	サダーシヴァの顔
イーシャーナ	アストラ	親指	恩寵	空	頭	上部
タットプルシャ	カヴァチャ	人差し指	隠覆	風	顔	東向き
アゴーラ	シカー	中指	帰入	火	心臓	南向き
ヴァーマ	シラス	薬指	維持	水	生殖器	北向き
サディョージャータ	フリッド	小指	発出	地	足	西向き

＊上から下への方向が宇宙論的には「発出」の順序で，下から上へが「帰入」の順序である．